U0330970

大夏书系 | 教师专业发展

# 你也可以成为论文写作高手

赖一郎 /著

华东师范大学出版社
·上海·

# 目　录

## I　预备篇

## II　材料篇

## III 构思篇

## IV 写作篇

# Ⅴ 修改篇

# 代　序

## 写作，促使一位青年教师成为教育专家

任勇，厦门市教育局原副局长，数学特级教师，北京师范大学兼职教授，教育部首批"国培计划"专家。先后荣获福建省优秀青年教师、福建省科技教育十大新秀、福建省优秀专家、厦门市拔尖人才等称号，1998年享受国务院特殊津贴，1999年荣获"苏步青数学教育奖"一等奖。撰写和参与编写学术著作百余部，在国家级、省级以上刊物发表各类文章千余篇，2017年获评中国"当代教育名家"称号。

这么优秀的一位教育专家，是怎么成长起来的？这，要从他的教育科研、教育写作说起……

### 一、教育教学的自发阶段

1979年9月，刚到福建省龙岩一中的任勇是有些自卑的，因为他是龙岩"北师大"（多年以后，他的女儿这么调侃他，意为"龙岩北边的师范大专班"）毕业的，在这群英荟萃的地方难免觉得低人一等。然而，正是这种自卑激起了他强烈的不甘落后的心理，时时处处都想追赶上别人。

"疯疯癫癫的，"面对采访，任勇用这个词来形容自己当时的工作状态。"初为人师，我并没有很明确的目标。当时只有两个想法：一是用真诚的爱心来影响学生、感动学生、教育学生；二是不断提高自己的教学能力，高水平地培养学生。""那时年轻，浑身有使不完的劲儿，又是单身，就整天和学生'混'在一起。"他说。每天午饭后，他就去"抢占"几张乒乓球桌让班上的同学打，自己也和学生"打成一片"；下午放学前，他就先去借几个篮

球、排球，"抢占"篮球场，这样他班上的学生一下课就有球、有场地了。他一边盘算着下课后如何分组比赛，一边思考如何利用打球的机会，春雨润物般地教育一些不爱学习的学生。"看，你球打得这么好，学习也这么认真就好了！""据我研究，会打篮球的，都是聪明的，都是能学得好的，打篮球是打'智慧'啊！"这一招可真灵，班上的篮球爱好者个个数学学得好，他们发自肺腑地说："学不好数学，对不起任老师！"龙岩二中章庭洋老师谈起40多年前的任老师，眉飞色舞地说，他当时还获得了任老师给予的"射手"的光荣称号呢。

"有爱便有一切！"多年以后，任勇把它归结为自己育人观的一条最基本的原则。他认为，爱是打开学生感情大门的钥匙，当学生知道老师是真诚地热爱他们时，他们的情感大门、智慧大门就向老师打开；老师对学生的热爱、对教学的热爱、对科学的崇尚，会激发学生对老师的尊敬，对学习的执著探索和对科学的不懈追求。

任勇跟学生"黏糊"在一起的第二招是猜灯谜。他本身就是一个制灯谜的高手，从事教学以来，发现猜灯谜能寓教育于娱乐之中，更是乐此不疲。比如，用"考试不作弊"猜数学名词"真分数"，教育学生要诚实考试；用"成绩不好怎么办"猜学科"应用力学"，教育学生勤奋学习；用"注意保护视力"猜俗语"小心眼"，教育学生注意用眼卫生……他还经常把师生的名字制入猜谜，如用"垂柳轻舞神州秀"猜教师"杨国美"，用"大海啊，美哉！壮哉！"猜学生名"汪英健"，用"有一点机会，就让给大家"猜学生名"杭为人"……师生在谜海里畅游，其乐融融。40多年过去了，任勇还是"谜"途忘返，而且给予理论升华："一是在成堆的公式、符号、定理、法则中渗入灯谜，是很好的润滑剂，事半功倍。二是谜能养教，谜能促教，若无当年'误'入'谜'途，怎有今日风趣的教风！三是谜展我思，谜增我智。猜谜要联想到各类知识，展现各种思路，这和解数学题何等相似！猜谜有助于解题；制谜，常常是给出谜底，要求设计谜面，这又和教育科研中针对某一问题寻找课题多么相像。"

现在，毕业后阔别多年的学生见到他，一见面不问别的，只问："任老师，你还猜谜吗？"

任勇的第三招是玩数学游戏，比如"算24点"比赛。他回忆："我带了很多届学生，至今还没有学生能算得比我快。"有些难题他常常能"一望而解"，如牌组（A，4，5，6），学生搔首挠耳说无解，他说有解；学生想破了脑袋还是认为无解，他写出算式 $6÷(5÷4-1)=$？学生看后拍手叫绝。又如牌组（3，5，7，K），学生捉摸半天说无解，他笑而不答，学生商讨许久后仍说无解，他说："72除以3等于多少？"学生如醍醐灌顶，对他钦佩得五体投地，把他看成是智慧的化身。

任勇还大胆地把数学游戏运用到课堂教学中。上《实数的大小》这节汇报课时，分管教学的副校长来了，教务主任来了，还有许多老师也来听课。他用10分钟讲完原理和例题，然后就开始做数学游戏，课堂十分活跃。学生做游戏入了神，不知不觉就把数学知识掌握了。课后好评如潮：数学功底扎实，又会调动学生学习的积极性；课的思维量大，教学确实与众不同……深受鼓舞后，任勇一股劲儿地往课堂里填充趣味，填充方法，填充变化，填充数学思维，填充师生互动……学生们每节课都竖起耳朵，期盼着这位年轻老师轻快的脚步声在教室门前响起，因为他来了，数学场就来了，灯谜就来了，激情就来了，美感就来了，诗意就来了！

就这样，愉快的三年过去了，任勇带的班在中考取得了优异的成绩。更重要的是，学生们良好的品德形成了，大脑的智慧被青年任勇这把熊熊燃烧的火炬点燃了。

说实在的，当时的任勇虽然书教得好，但是他并未安心教书，也曾萌生过考研的念头（当时的政策允许专科生直接考研）。可是父母希望他能先帮助弟弟妹妹们考上大学，再去考研。任勇是个乖孩子，他按父母的话去做，先帮大弟弟。没想到大弟弟和他大不一样，对理科是一点儿也不开窍，考了四年都未中。第五年转考文科，一下子就考上了武汉大学，如今在北京当老师。帮完大弟弟，任勇又帮小他九岁的小弟考入大学。把小弟送进大学后，任勇也成家了，有了孩子，考研之事就不了了之。

不能脱产学习，那就想方设法在职进修。1980年，当他大专真正毕业时

（1979年他其实是实习。然而实习就是分配，因为师专校舍不够，就把他们提早"赶出去"了），任勇立马报了福建师范大学在龙岩开设的数学本科函授班。那时没有"专升本"，只有高中起点的，要读六年。任勇顾不了那么多，毫不犹豫就报了名——他还想趁机把基础打牢些。同时，任勇还自费报名参加了创造发明函授学校的学习，领了个结业证书——结业证书不算学历，在晋升时不起作用，但任勇仿佛就喜欢这样，此后他读硕士、博士，领到的都是结业证书。他要的不是那个本子，而是本子里包含的真才实学。这似乎是个不合时宜的想法和做法，然而，唯有大智大勇者才敢逆潮流而动。

1983年的一天，教务处的郑玉春主任在教师例会上布置学校和市里的科技月活动内容。那时大家对学习都抓得很紧，可是对科技活动却置若罔闻。那是任勇当班主任的第四年，他是师专生，没有什么资历，对学校布置的各项工作不敢忽视，加上他自幼喜爱科技，又参加过创造发明函授学校的学习，所以在班级很认真地布置了这项工作。

任勇先带领学生用一周时间进行科技阅读，又现身说法，讲些小创造发明、小论文撰写的经验，接下来就开始展开"点面结合"的攻势。所谓"点"，就是指定几个有一定科技基础的学生专题攻关；所谓"面"，就是在班上广泛动员，鼓励学生根据自己的特长、爱好，挖掘潜能，积极报送作品。几位同学把作品交上来了，任勇及时在班上予以表扬。这下子，班级的科技氛围被激活了，两周后，他收到更多的作品。班级经过评选，上送了100多件作品。郑玉春主任得知后惊喜交加，他原本只把希望放在高中，没想到这个初中班的作品占了学校上送作品的三分之二。经市里评奖，任勇这个班的作品又占市里的三分之一。任勇这个刚"出道"的小小班主任，一下子在学校出了名，校领导无论大会小会，都表扬他，说："世上最怕'认真'二字，任勇老师办事最认真，结果出了大成果，为学校争了光！"

第二年，任勇和班级的学生铆足了劲，拿出了更多的成果，仅小论文一项就有100多篇。事实上，这100多篇小论文，自上一年科技月之后任勇就开始布置了，学生们也就从那时起开始研究了——这实质上就是今天我们所倡导的研究性学习。领先一步，自然高人一筹。任勇再次引起关注，学校请他到大会上介绍经验，市里也邀请他去宣传推广，地区和省里则让他从理论上进行探索和研究，于是任勇一口气写下《从影响科技活动的因素谈科技活动的深化》等多篇论文。那时，对科技活动有研究的人不多，一时间不少地方的领导都请他讲这个专题。其中，《从影响科技活动的因素谈科技活动的深化》被收入1994年7月出版的《青少年科技活动材料汇编》，还被评为一等奖，任勇代表福建省参加了全国青少年科技辅导员协会学术年会。2006年，时任厦门一中校长的任勇在科学月的动员讲话中，还引用了这些论文中的部分观点。

那时的任勇，全身的每个细胞都是鼓鼓的，迸发出跃跃欲试的激情。他到处承包"杂课"。他对年级主任说："我们年级的选修课或讲座，如果没有人上，我可以全部上。"由于学校要求各年级、各教研组、各部门都要为学生开设选修课、活动课，并举办讲座，年级主任正愁没人呢，就一个劲地夸他。于是，任勇在年级里开设了"中学生多功能智能开发与训练""初中生心理特征与学习对策""中学生灯谜入门"等课程，举办了智力因素与学习、非智力因素与学习、怎样搞好课外学习、学会利用图书馆等讲座，深受学生们的欢迎。在数学学科方面，任勇有更多选题，也能更大胆地对数学组长说："我们数学组的课程或讲座，如果没有人上，我可以'承包'。"当时组长也正为此事发愁，一听乐极了。任勇对数学有一定研究，积累了30多个课题：课程类的有"微积分初步""数学对策""数学归纳法趣谈""数学猜想""身边的数学"等，讲座类的有"你能学好数学""数学·力量·美""数学的迷幻世界""趣味数学与智力发展""漫话数学猜想""高考数学命题对数学学习的启示"等。任勇的数学讲座融科学性、趣味性和知识性为一体，深深地吸引了学生。

1986年任勇担任学校教研室副主任后，又在全校范围内开设相关课程和举办相关讲座，使更多学生受益。兄弟学校闻其名后，纷纷请他去为师生讲学，任勇在当地一时声名鹊起。一分耕耘一分收获，任勇在这个过程中学习了许多新知识，也培养了自己的演讲水平，在以后大有用处。

## 二、教育教学的自觉阶段

1984年初，任勇到连城县参加地区数学年会，他在会上就自己写的一篇文章进行了交流。当时福建省教研室的林铭荪主任看见任勇那么年轻，写的文章又充满激情，就笑着对他说："年轻人，你写得很有特色！从现在开始进行教育科研，将来一定大有出息。"说者可能无意，但听者却有心。那天晚上，会议负责人安排大家看电影。被林主任一席话激荡得心潮澎湃的任勇无心看电影，一个人在山路上边走边思考，恰遇也不想去看电影的龙岩地区教研室的陈清森老师。于是，他俩就散步到山边的一座小桥边，谈起了数学教育，谈起了青年教师的发展。年长十岁的陈老师以过来人的经验忠告任勇：青年教师首先要当好班主任，抓好德育，练就管理能力；其次要教好书，这是看家本领；第三是有机会要去带数学奥赛班，这会使你更深刻地领悟数学；第四是搞教育科研，这可以提升品位。尤其是第四点，要看个人是否有兴趣，是否有毅力。

陈老师的话不多，但句句都落到任勇的心坎上，他一下子觉得前景豁然开朗！当时，大多数教师认为，当教师只要教好书就行了，而教育科研，是教育研究专家的事；也有的认为教育科研高不可攀；更有人高声反对中学教师进行教育科研。有一位德高望重的老教师，在一次数学组会上就振振有词地说："赵丹没写过一篇论文，不是照样成为最优秀的演员吗？"

陈清森老师说："你结合教学实践进行研究，不声张，现在许多老师还认识不到这一点，你先走一步，就领先一步。人们认识教育科研还有一个过程。"

那段时间，潜心向学的任勇每周都要到陈老师家，有时也邀上几位"志同道合"者。人多了，研究的氛围就浓了。那段日子过得真愉快，诚如魏书生先生说的："潜心育人校校可成净土；忘我科研时时能在天堂。"任勇还自掏腰包订了许多报刊。在闽西山区，信息相对不灵，那时也没有网络，报纸、杂志就成了了解外面世界、了解数学教育研究与实践的重要窗口。当时他收入有限，但还是咬着牙，拿出很多钱订杂志。杂志一到，他就如获至宝地读起来，还用红笔在上面勾勾画画，会意处还写上眉批；同时做目录分解，以便日后查询。每本杂志都几乎"读红"了！有时，看到目录中某个似曾相识的题目，就合上杂志，然后想："这个题目让我来写，我会怎样写？"之后把自己的写作提纲拟出来，再打开对照，比一比是别人写得好还是自己的构思妙；如果自己只想到四点而文章中写了六点，他就好好拜读这篇文章；如果文章中只写了四点而他想到了六点，他就信心倍增。那段时间任勇读了大量的数学教育文章，为日后研究奠定了深厚的基础。

有一天，和他同住在窄小的教师宿舍里的小弟（也是他的学生）三蹦两跳地冲进来，手里挥舞着一张 18 元的稿费单，在屋子里一边欢呼一边转圈圈。原来，任勇的论文《趣味数学与智力发展》在华东师范大学主办的《数学教学》上刊登了！任勇也高兴得跳起来，他感到了自己身上蕴藏的力量了。这一周，兄弟俩的膳食有了很大改善。一鼓作气，任勇又写了《培养初中生学习数学兴趣的几点做法》，投寄到湖北大学的《中学数学》，也很快发表了。他还带着这篇论文参加了 1984 年召开的中国教育学会数学教学研究会学术年会，作为会议中最年轻的代表，第一次受到数学教育界的注意。

年轻气盛的任勇随后以每两周一篇稿子的速度向报刊投稿，然而大量的退稿信也随之而来。无情的现实终于使他冷静下来。在此后漫长的教学科研中，任勇渐渐悟出了一个道理：科学需要默默地探索，长期积累，偶然得之。教育理论如果没有实践的基础，便会失去它的价值；而教育实践如果没有理论做指导，便会导致盲目实践——必须走理论与实践相结合之路。论文不是"写"出来的，而是不断实践、不断研究、不断探索出来的。

1984 年 10 月 2 日，任勇在结婚后的第二天，乘坐火车去安徽省绩溪县参加中国教育学会数学教学研究会第二届学术年会，他的论文《培养初中生学习数学兴趣的几点做法》入选了。当时福建省一共去了三人（其他两位分别是福建师范大学附属中学的林文国老师和德化一中的曾健民老师）。一路上，任勇十分高兴，心气颇高，因为会议正式代表 93 人，列席代表 105 人，他是正式代表中年龄最小的。任勇住的房间，离华南师范大学教育科学研究所的郭思乐老师和江苏省扬州中学的张乃达老师较近。一些老师到他们房间去讨论数学问题，任勇也去凑热闹，发现他们在讨论数学思维问题、数学美学问题、数学教育评价问题等，特别是讨论到系统论、控制论和信息论在数学教学中的应用时，任勇发现自己听不懂。参与讨论是不可能的，因为根本插不进话，马上离开又很不明智，于是他就装着很勤快的样子，一会儿洗茶具、烧开水，一会儿沏茶、递茶，以掩饰自己的无知和困窘。在看到又有老师来参与讨论后，他赶忙让座，趁机溜之大吉。"伤自尊啊！你以为你是谁？"任勇一边自责，一边暗下决心：回程不走原路，拐到上海买书，疯狂学习。

第二天开幕式，理事会领导作了重要讲话。这次大会共收到论文121篇，在初评的基础上，经过严肃认真的审阅、评议、投票，评出二等奖5篇，三等奖15篇。任勇第一次知道一等奖可以空缺，曾健民老师的论文《系统工程原理在数学教学法研究中的应用浅探》获二等奖。对这篇获二等奖的"浅探"之文他觉得自己读得似懂非懂，如果再"深探"就不得了了。年轻的任勇又一次深深地感受到自己才疏学浅！这次大会，任勇第一次看到那么多的论文，第一次见到那么多的人在讨论数学教育问题，甚至发生激烈的争论，他觉得眼界大开。会后，他乘汽车到上海买书。幸运的是，他和顾泠沅老师坐在一起，一路上他虚心地向顾老师请教了许多数学教育问题。

走出迷惘，天地一新。任勇一方面沉湎于各类教育理论书籍之中，努力提高自己的教育理论水平；另一方面，置身于课堂和学生之中，不断获得鲜活的第一手材料。把丰富的理论与生动的实践有机结合起来，任勇的教育科研之路越走越宽，他又向新的领域进发了。

1987年初，任勇在翻阅杂志时，看到一则"小启"——征集"全国第一届学习科学学术研讨会"论文，于是写了篇《遵循学生心理规律 搞好初中数学教学》去应征，后来就参加了这次被称为中国学习科学史上第一次具有里程碑意义的重要会议（这次会议首次把"学习"从教育科学的范畴内独立出来进行讨论，标志着新兴学科"学习学"正式诞生）。当时，任勇对许多问题还是懵懵懂懂，许多学术名词也是第一次听到，分组讨论时，他甚至搭不上一句话，只能仰头认真听，埋头拼命记。

返途中，一个念头忽然闪过任勇的脑海：何不写一些开设学习方法课的讲座稿？他在向龙岩一中王力峰老校长汇报会议盛况时，顺便谈了自己的想法。老校长说："你干脆写本书吧，写出来我给你印。"于是，任勇送走妻儿后，一边学习有关理论著作，一边没日没夜地埋头写起书来。那时他家庭条件很差：没有空调，只有电风扇；没有大书桌，就掀起草席用床板；没有复印机，就在方格纸上，用复写纸一次写四张，好有底稿，生怕书稿投寄出去不退稿。就这样，穿短裤，打赤膊，坐矮凳，倾心写，用力抄。一个月后，当任勇把一摞整齐的书稿放到老校长面前时，老校长十分惊喜地说："我随便说了一句话，你真的把书给写出来了，《初中学习方法与能力培养》，好，真了不起！"于是，学校印了400册，供初一新生使用，由任勇担任授课教师。上了几次后，这本书大受学生欢迎，剩余的书也被各级领导、老师、家长索要一空，附近的一个县城还一次性印刷了4000册供全县初中生使用。

后来，西北工业大学出版社出版了这本书。1988年3月，任勇的第一本书出版了。拿到散发着墨香的新书，他爱不释手，就像怀胎十月的母亲第一眼看见亲生儿一样。这本书后来连续印了8次，印数达15万册。当时全国学习学研究会筹备组主任林明榕教授还欣然为这本书写了序，教育界各级领导多次对这本书给予很好的评价。从那时起，任勇发下了宏愿，定下了"十百千工程"：在有生之年，主持或负责完成十个市级以上的实验课题（或教育部、省教育厅的子课题），争取出版一百本书（含专著、主编、合编），争取正式发表一千篇教育文章。

那时，学习学刚刚起步，很多人都不知道它是怎么一回事。1987年5月底，任勇去南京开会，出门时遇到物理老师翁延桂。他问任勇去开什么会，任勇说："开'学习学'会。"他不解："什么？'学习学'会？"任勇解释了老半天，他才明白"学习学"的第二个"学"与"物理学"的"学"是同一个意思。内行人都弄不明白，外行人就更是摸不着北了。任勇经常到打印店打印，负责打印的小女孩常常把"学习学研究会"打印成"学习研究会"，他反复解释，她们还是不明白。他刚走出店门，她们以为他听不懂龙岩话，就用本地话在背后嘀咕："这个人有病。"他听后微笑着摇摇头，走了。

在教育理论与实践中，任勇深深感到，长期以来，教学界多研究教，少研究学。而实践证明，忽视了学，教也就失去了针对性，减弱了实效性。一个学生要想取得良好的学习效果，单靠教师教得好是不够的，学生自身还必须学得得法。因此，任勇十分重视对学生进行学习指导。从1987年起，他坚持每年为高中（或初中）起始年级开设"学习指导课"，对学生进行系统的学法指导，同时结合所教数学学科的特点，在教学过程中全方位、多层次、广渠道地进行学习指导渗透，让"学习指导"像无声细雨时时浸润学生的心田。

在任勇的努力下，1990年福建省学习学研究会在龙岩市成立，他担任秘书长。研究会成立以来，分别在厦门、福州、漳州、泉州、宁德等地召开多次学术研讨会，对学习科学的诸多方面尤其对中学生学习的特点和规律进行了研究，积极组织全国的课题研究和学术会议，取得了可喜的成绩，还出版了多部著作，培养了一大批优秀的教师。

学习科学研究的纵深掘进，逼着任勇广学深研。他广泛阅读教育科学、学习科学、哲学、文化等方面的书籍和杂志。多年来，他订阅了所有能订到的数学杂志和许多教育杂志、学习科学杂志；此外，他个人藏书已达1万余册，其中学习科学方面就占了2000多册。要驾驭教育实践，很大程度上取决于一个人教育理论和学习科学理论的功底：首先读经典教育名著，其次读学习科学领域里有影响的著作，最后读专业期刊。只有博览强记，才能站在学术前沿，把学习科学的研究与实验不断向前推进。

任勇把所在的班级、年级、学校（甚至更大范围）的学生都当作学习科学研究的对象，把每次备课、讲课、批改作业、测验，都当作"实验田"，不断耕耘，自觉地将实践纳入学习科学研究的轨道，走"教、学、研"之路，努力沿着"研究型"教师的方向发展。他的教育教学水平不断提高，声望日隆。天道酬勤，任勇终于品尝到丰收的喜悦了：他在龙岩一中教两轮初中，所带班级数学平均分都居全地区第一；之后带三轮高中，所带班级高考数学平均分排年级第一。他带 2000 届学生时，在高一开展了丰富多彩的活动课、选修课，数学课每周只排 4 节；高二仍继续开设各类非必修课；高三迎考的口号是"团结协作，锐意进取，科学迎考，再创辉煌"，尤其突出科学迎考，按学习规律组织复习，结果高考理科成绩全省第一、文科成绩全省第四、数理化成绩全省第一。2001 届、2002 届、2003 届学生的高考成绩又获福建省第一，2004 届和 2005 届高考文理科成绩均居全省前茅。

1991 年 7 月，任勇到哈尔滨参加全国中学学习科学第二届学术年会。第一次来到北方，同去的四个福建人（另有吴启建、陈泽龙、蔡建生）放下行李，相互一招呼，便到大街撒欢去了。他们饱尝北国的文化风味，午夜过后才回到宾馆。一进大门，会务组的人高声喊道："任勇，总算找到你啦！"原来，大会原定第二天由魏书生为哈尔滨市即将上高三的学生作讲座——《谈学习方法——以语文为例》，可是，魏老师到拉萨讲学，由于天气原因，拉萨机场封闭，来不了了。怎么办？4000 多名学生啊，当时又值暑假，改期讲学，谈何容易！这时，董国华秘书长突然想起了任勇，他知道任勇在龙岩一中已开设了四年的学习方法课，还开设了大量的数学选修课、活动课、微型课。学会的几位领导商量后决定，第二天给学生的报告由任勇讲，题目改为《谈学习方法——以数学为例》。事情定下来了，却找不到人——那时通信设施还不发达，会务组工作人员心急火燎地盼到了任勇，抓住他马上布置任务。任勇吓得浑身是汗，直摇头说："不行，不行。我是来开会的，什么材料都没有带。何况原定是魏老师讲啊，我怎么代得了呢！"学会领导出面了："这是大会决定的，相信你没问题。给你开个单间，里面有纸和笔，开始干活吧！"

连续三个小时，任勇硬是靠着在龙岩一中"摸爬滚打"练就的本领，奇迹般地在一张纸上写好了讲座的提纲。第二天 8 点 30 分，任勇来到会场，那 4000 多人的壮观场面让他无比震撼，他从来没有面对这么多人讲过课；现场又来了很多记者，还有录像的、摄影的、录音的……任勇没退路了，把心一横，豁出去了，他决定按照自己的思路讲，就当是在龙岩一中面对学生那样讲。

三个小时，任勇用充满激情、充满美感、充满诗意、充满理性的语言，圆满完成了讲座，全场掌声雷动。主持人给了他很高的评价，记者们纷纷上前采访，学生们走上台来索要签名，求合影，任勇平生第一回有了当"明星"的感觉。

救场救出了名。媒体报道了，大会充分表扬了，学生传开了，不少会议代表都邀请任勇到他们那里讲学。哈尔滨市要任勇再为老师们讲一场，他放弃游览机会，在哈尔滨市第一中学为500多位老师谈学习指导问题，再次引起轰动。

"机遇总是垂青于为它而准备的人。"返程中，任勇在心底反反复复地捉摸这句名言的味道。辛勤的汗水，总会浇灌出璀璨的花朵。就是从这次"救场"开始，任勇在全国学习科学领域开始受到关注。如今，教育界只要一提到任勇，就知道他是搞学习科学的；一提到学习科学，也会立即想到任勇。

1992年，任勇被破格评为高级教师，1994年被评为特级教师，1995年被评为福建省优秀专家……任勇的人生道路屡创奇迹，精彩迭现，不是这短短的篇幅能道尽的。

采访的最后，我让他用简洁的语言总结一下自己的青年时代是如何成长的。任勇说："我以为，有所作为的教师，特别是青年教师，首先应'三管齐下'——要有牺牲精神，要有专业功底，要有感情投入。在此基础上，再根据所在学校、学生的情况，根据自己的优势，向着某一方向发展。"

任勇把"牺牲"二字摆在了第一位。也许，在当今这个时代，"牺牲"是一个过于遥远的词，然而，没有牺牲，青春的火把怎能燃烧起来呢！

教育科研、教育写作，促成一位普通的青年教师成为教育专家。你也可以写好的，现在，就拿起笔吧！

I

一

预备篇

"凡事预则立，不预则废。"[①]写论文，一要做好思想准备，二要做好研究准备。

---

① 王文锦：《礼记译解》，中华书局，2001 年版，第 788 页。

# 论文，写还是不写

论文，写还是不写？这对某些教师而言是个问题。

笔者从事教育论文编辑工作近 30 年，接触过奋斗在基础教育一线各种类型的教师。不说每天收到的教师们的来稿，单是要求发表论文的电话，每天也会接到十来个，有的探讨论文应该怎么写，有的寻求论文发表的"捷径"，更有人直截了当地提出要求，要把从"写"到"发"一条龙包。其中，大部分人是迫于职称晋升的需要。在这种"论文热"的情况下，人们开始发出疑问：一名基础教育一线的教师，在肩负繁重的日常教育教学工作，背负沉重的升学率压力之下，有没有必要写论文？

有教授曾发文称："近年来，在全国范围内，从名牌大学到一般高校，乃至中小学和幼儿园，都莫名其妙地兴起所谓的科研热潮，颇有'全民搞学术'的架势。这种盲动式的狂躁现象本身就是不正常的……因此，应该正本清源，从根本上解决问题：学术研究并不是什么人都可以搞的，学术论文也不是什么人都可以写的……"[①]这位教授的意见似乎是，只有像他这样名字响当当的大牌教授才有资格、有条件写论文。事情如果强调得过了头，都将成为谬论。从世界范围来看，确实有一些欧洲国家不提倡中小学教师进行教育科研；美国比较倡导中小学教师从事教育科研；俄罗斯则一向对中小学教师开展教育科研持积极态度，报刊经常发表中小学教师的论文，教育理论家与

---

① 杨玉圣：《让学术回归学术》，载《光明日报》，2004 年 7 月 29 日。

一线教育工作者合作搞教育科研的现象十分常见。教育家苏霍姆林斯基生前一直担任一所农村普通中学（帕夫雷什中学）的校长，终生一边从事教育实践，一边进行教育科研，著作等身，享誉寰中。在我国，基础教育界长期以来出现了"教学"与"研究"对立的情况，认为研究是大学和教育科研单位的事，而教学才是教师的本分。但是，21世纪以来，科学研究越来越不是象牙塔中可望而不可即的奢侈品，而是越来越接近生活并给人们带来实实在在的日用品，因此这种状况在基础教育界也必须得到扭转，要让中小学教师成为教育科研的主人。有学者说："一线教师对教学现场的把握和对教学实际问题特有的敏感，才使他们的研究视角、研究手段和研究成果独具特色，而这样的研究是高校研究人员甚至基层的教研员都力不能及的。"[①] 而教育科研的重要表达方式——写作，则是每个知识人必须具备的技能之一，因为"不管你干什么，写作是成功的基石"[②]。

　　想做一名称职的、有出息的教师，就应该写论文。写作的好处有很多，先说最低档次的"抄"吧。要想"抄"出一篇像样的文章，需要参考很多资料，在阅读、理解、重新组织语言的过程中，你就会不知不觉受到洗礼，观念也在潜移默化中得到了改变。写作的另一个好处是可以把自己的教学反思记录下来，整理出来。教学反思当然可以不动笔墨，但没有动笔整理出来的教学反思往往是肤浅的、零散的、模糊的。通过记录与整理，我们可以把这些反思由凌乱变得有条理，由零碎变得完整，由模糊变得清晰。曾经"一年大病，两年养病，三年经商，八年村小，1998年安心做老师，'十年磨一剑'，2008年成为江苏省语文特级教师"的管建刚老师就是一个典型的例子。他著述颇丰，其写作的体会是："思考之马奔跑起来，起初还能控制，还知道方向和周围环境，随着渐行渐远，就必然顾了后边忘了前边，惦记前面又无法继续深入。这个时刻，只有拿起笔来，一路走下去，一路记下去，边走边记，等回过神来，纸上文字便是这趟思考之旅的见证和收获。"[③] 写作让我们

---

① 裴栓保：《中小学英语教师科研论文写作方法指导》，广西教育出版社，2012年版，第4页。

② 薛涌：《北大批判——中国高等教育有病》，江苏文艺出版社，2009年版，第46页。

③ 管建刚：《不做教书匠》，福建教育出版社，2012年版，第160页。

在提高自己的同时，还可以与同行分享。

真正写论文应该是以积极主动的姿态去应对。笔者接触过一种类型的教师，他们是学校里的教学骨干，教育教学都很有一套，但就是懒于动笔。懒是人的天性之一，但要想成为名师，就必须不断地超越自我。时任三明二中校长的翁乾明就曾以自身的例子激励大家："我纠正了口吃结巴的毛病；我的性格变得幽默风趣；我不再满足于中学教材，教学中常常给学生呈现丰富多彩的化学历史、化学现状、化学前景；我开始与病弱斗争，常年坚持冬泳以锻炼身体；我反复练习脱稿演讲，要求首先感动自己再感动别人……我投身于教学研究，撰写了近百篇的教学论文；我决定深造，41 岁时开始攻读硕士，现在已经取得'教育硕士'学位证书和毕业证书……为了体验学生的生活，我在 45 岁时学会了溜旱冰；为了尝试学习现代技能，我在 47 岁学会了使用数码摄像机和深海潜水……我认定这一切变化都是'自我突破'的成果。"[①]

福建省永春县教师进修学校的陈建源老师在主持全国教育科学"十一五"规划 2006 年度教育部规划课题"新课程语文课堂特征的研究与实践"时，要求参与研究的 66 位教师都要签订"课题实验教师的承诺书"，其中明确提出"八个一"要求：

（1）每学年订阅一本教学杂志；

（2）每学年通读一本教学的理论著作，并撰写 5000 字以上的读书笔记；

（3）研究别人的典型案例，每学期撰写一篇研究报告；

（4）每学期执教一节实验课；

（5）每学期撰写一个自己的典型案例；

（6）每学年撰写一篇有价值的论文或总结；

（7）三年中至少有一项成果在县级及以上教育主管部门主办或联办的业务竞赛中获奖；

---

① 翁乾明：《元认知理论与校长的"自我突破"——在"福建省首届'十·五'校长培训提高班"上的演讲》，载《福建教育学院学报》，2003 年第 6 期。

（8）三年中至少有一篇论文（总结、科研报告、典型案例等）在省级以上的刊物正式发表。[①]

笔者认为，这样的要求对于承担繁重教学任务的教师来说可能是额外的沉重负担，却也是一种促进自我蜕变的基本"门槛"。这些措施实实在在，是真抓实干，引领一线教师真正做教学研究。

在教师地位日益提高的同时，社会对教师的专业精神和专业水平的要求也随之上涨，"时代要求教师从经验型转向学者型、专家型，教师要掌握教育科学，其中道理如同厨师要懂得营养学、工艺师要懂美学一样地不证自明"[②]。高层次人才必须具备良好的思维能力和表达能力，作为思考手段和思维描述工具的写作，我们不能不重视。

---

① 陈建源：《新课程语文课堂特征和教学策略》，语文出版社，2010年版，第3页。
② 杨小微：《教育研究的理论与方法》，北京师范大学出版社，2008年版，第68页。

# 研究，论文写作的前提

没有研究就想写论文，这简直是笑话。然而，一谈起研究，人们马上会联想到大量的数据、图表，庞大的、精密的仪器和配合默契的团队。一个人、一台电脑，怎么研究？

这其实是一种认识误区。这种误区，首先来自师范教育。在传统的师范教育中，只有"老三门"——教育学、心理学和教学法，没有教育研究方法这门课程。现在的师范大学教育里，很多学校已经把这门课程列进去了。比如，北京师范大学出版社于 2008 年出版的"新世纪高等学校教材·教育学基础课系列教材"之一《教育研究的理论与方法》中，分析的教育研究方法就有观察法、调查研究法、实验研究法、行动研究法、叙事研究法、人种志研究法、案例研究法、理论研究法、文献研究法和统计方法等。新近参加工作的师范大学毕业生，经过比较系统的教育研究方法训练，可能对"研究"不会那么望而生畏了。

在诸多教育研究方法中，行动研究法是比较适合中小学教师操作的研究方法之一。因为这是一种介于理论研究与实验研究之间的研究方法，它以教师为主体，以提高行动质量、改进实际工作为首要目的，能解决实际问题，且能促进教师自我专业成长，实现教师自主提高。

行动研究法起源于第二次世界大战时期的美国，到 20 世纪 90 年代，我国教育研究者才真正应用和推广。随着我国教育改革的深入，吸纳一线教师的智慧、倾听一线教师的声音越来越受到重视，教育行动研究也就成为教育改革的关键。这种教育研究方法倡导"教师即研究者"，不一定需要理论假设，不需要严格控制变量，也不需要对测量工具进行严格的检验，便于普通教师掌握与运用，因而改变了教育研究为专业研究者所垄断的局面。一线教师每天面对的都是新鲜的问题，只要以自己的教育教学活动为思考对象，对自己的教育教学行为、决策及由此产生的结果进行审视和分析，然后把这些看似点滴、零散的东西整合起来，这样所得到的东西就是最原始的，也是最宝贵的。比如，著名特级教师钱梦龙在教鲁迅的《一件小事》时，就在条件相同的两个班级，采用不同的教学方法：在甲班，他完全采用讲授法，讲解力求深透，语言力求生动，让学生听得津津有味，并让学生完成课后的练习；在乙班，则让学生自读、思考、讨论，他只提供重点指导的方法，未让学生去做课后练习。一个学期后，他搞"突然袭击"，用《一件小事》的练习题同时检测两个班级，结果发现，乙班的成绩远远高于甲班。由此，钱老师提炼出这样的信息：（1）学生是认识的主体，其实践和感知是其他任何人代替不了的；（2）确认"学生为主体"的同时，必须确认"教师为主导"，"主体"和"主导"应相辅相成；（3）"训练为主线"是以"学生为主体""教师为主导"组织教学过程的必由之路。由此，钱梦龙老师形成了著名的"三主"语文教育思想。[①]

"'问题即课题，教师即研究者，课堂即研究室，成长即成果，教学行动即研究'，这29个字充分揭示了中小学教师教育研究的本质与功能。"[②]教育行动研究不同于理论研究，目的不在于理论的发展、新知识的获得和普遍规律的发现。它是在一定的情景下，在小范围内只针对某一特定问题进行研究，某一次的教育行动研究对实际情况的改进越大，其价值也就越大。当然，由于教育行动研究以具体的某人、某事、某校为研究对象，其研究结果也只能适合于特定的研究对象，不能无限制地普遍运用。

---

[①] 陈成龙：《创造性语文教育》，线装书局，2007年版，第151-152页。

[②] 龚福生、黄春林：《新课程背景下中小学教师如何写案例与论文》，华中科技大学出版社，2008年版，第35页。

研究一般分为七个步骤：发现问题—分析问题—拟定计划—收集资料—批判与修正—试行与检验—提交研究报告。其中，"发现问题"是首要的，而问题的来源主要是教育教学的疑难，从具体的教育教学场景中捕捉，从阅读交流中发现，从学校或学科发展中确定。关键环节是"试行与检验"，即行动："恰当的人在恰当的时间和地点，以恰当的方式做恰当的事。要想达到这样一种合理性，教师首先需要对当下的教育情境作出理智的判断，对行动适当地进行调整。"[①] 没有行动，一切都是纸上谈兵，这就像只有在练习游泳的过程中才会学会游泳。教师在自己的教室里亲自进行研究是最有效的，是在研究的过程中产生学习的激情从而提高研究技能，而非等到系统学习、研究技能提高之后才进行研究。

以上是从中小学教师教育教学研究的特殊性来认识问题。下面从教育科学研究的属性深入探讨问题。

首先，要明白什么叫科学。笔者不想从概念的内涵去对这个名词做根本属性的界定，而从概念的外延来认识它。科学分为两大类：自然科学与社会科学。现在很多高校学报分为两种，即自然科学版和哲学社会科学版。但在 2017 年之前，《武汉大学学报》还有人文科学版，也就是说，社会科学可以分为哲学社会科学和人文社会科学。湖南师范大学的张楚廷教授发表的一篇文章《教育学属于人文科学》，把这个命题拿来做文章，可见它是个问题。张教授认为："以人为出发点，又以关于人的哲学为理论基础，并归结到人自身的发展，这就是教育学，这也正是教育学属于人文科学之缘由所在。"[②] 张教授的文章发表后，厦门大学的王洪才教授也发表了一篇文章，他从历史发展的维度来考察这个问题，认为："从历史上看，教育学学科属性发生了很大变化，它由传统的人文科学逐渐转向社会科学。而在 20 世纪中叶之后，教育学出现了向综合科学方向发展的态势。这说明教育学既具有人文科学的禀赋，也具有社会科学的倾向，而目下则呈现出多元化发展态势。"[③] 可见，教

---

① 郑金洲：《教师如何做研究（第二版）》，华东师范大学出版社，2012 年版，第 68 页。
② 张楚廷：《教育学属于人文科学》，载《教育研究》，2011 年第 8 期。
③ 王洪才：《教育学：人文科学抑或社会科学？——兼与张楚廷先生商榷》，载《教育研究》，2012 年第 4 期。

育学的学科属性是有争议的。

学科属性关涉研究旨趣的区别。随着工业、科技的迅猛发展，人类似乎变得无所不能——上天入地，征服整个地球，所以尼采高呼："上帝死了！"也就是宣告人站起来了，人成为一个大写的人，顶天立地。人之所以如此狂傲，是因为他掌握了知识，培根说："知识就是力量。"自然科学的发展成为人的世俗力量与权力扩张的工具，提升了人类以及个体的主体能力，使人类攻克一道又一道难关，不断地征服自然、改造自然。但是，在人类中心主义和个体中心主义发展到得意忘形的时候，人们猛然发觉，人类正遭遇前所未有的生存迷失。这时，潜滋暗长中的人文科学，其意义日益凸显。也就是说，人类在征服自然、改造自然的同时，需要不断回到人类的生存本身，唯有匡扶人心，人类才能获得生存的健全与完整。人文科学是以人的内心活动、精神世界以及作为人的精神世界的客观表达的文化传统及其辩证关系为研究内容、研究对象的学科体系，它以人的生存价值和生存意义为研究主题，研究的是精神与意义的世界，具体如美术学、音乐学、文学、宗教学等。人文科学的兴盛，意味着"回归生活世界"成为当下人类思想的主流。

其实，早在2000多年前，庄子就说过，"道在屎溺"。道远在天边，深不可测；然而，返身一顾，道就在身边，触手可摸。经过高科技的"洗礼"，人们重新回到重温"知识即美德"的精神旨趣，从探究自然的秩序，回到人心的秩序，进而回到人类的生存本身。从历史的维度来考察，教育研究经历了注重思辨的第一阶段，强化实证的第二阶段，定性研究兴起的第三阶段，到了定量研究与定性研究相融合的第四阶段。[①]分别支持定量研究与定性研究的教育研究者在20世纪二三十年代开始就有争辩，前者认为，社会科学应该完全借鉴自然科学的研究目的与研究方法；后者则认为，教育是一种实践活动，是有目的的、受规律支配的，所以对教育不能进行自然科学意义上的"科学"研究。直到20世纪70年代，定性研究显示出旺盛的生命力，两大传统之间对立的紧张关系才缓解。定性研究几乎不运用严格的统计程序，不

---

① 郑金洲、陶保平、孔企平：《学校教育研究方法》，教育科学出版社，2003年版，第33—49页。

接受测量、实验设计、变量等因素的束缚，而运用参与性观察法与深入交流法，通过与研究对象的长期接触，设身处地地从研究对象的角度去理解他们的行为、处境、态度和见解，在他们自然的生活情境中收集资料，进行研究。中小学教师无疑是进行定性研究的最佳承担者，将研究对象纳入研究者的生命意义之中，是我们工作中应有之义，也是我们的职责所在。我们用真切的情感、用自己的生命去体悟，从而在体验中建构起研究者的生命意义。

其次，在进行行动研究、定性研究的同时，我们应当适当借用定量研究的方式方法。我国台湾学者王文科、王智弘所写的《教育研究法》是一本颇为畅销的学术著作，其中列举的教育研究方法就有历史研究法、调查研究法、观察研究法、个案研究法、叙事研究法、内容分析研究法、人种志研究法、相关研究法、事后回溯研究法、实验研究法、混合法、评价研究法、行动研究法等 13 种。这些研究方法都值得我们参考、借鉴。目前中小学教师论文写作所采用的研究方法是较为老套的、缺乏新意的。《中小学外语教学》的编辑裴栓保就曾收到不少一线教师的反馈：对目前学术刊物上发表的论文，他们最不爱读那些有许多数据、图表的论文。理由是：读这些数据有什么用？能对教学有什么指导作用？能提高学生的考试成绩吗？裴编辑的回应是："其实，这些教师还没有学会如何利用他人的科研成果，还没有真正成为'科研成果的消费者'。在科研论文中，数据是用来说明研究结果或研究方法的。我们在阅读他人的科研论文时，不能只关注论文中的数据，关键是阅读和学习论文作者所运用的科研方法，并根据论文中的数据和所运用的研究方法来分析其研究结论的科学性和可信性，从而确定自己的教学中能否借鉴这样的研究结果，这样的研究结论对自己理论水平或实践能力的提高会产生怎样的启发作用。"[1] 新鲜的研究方法也是论文出新的有效途径之一。

最后，值得提示的是，教育科学研究成果的呈现有多种类型：文本形态的产品有研究报告、论文、教育案例、教育叙事、反思、教材等；技术形态的产品有课件、软件等；实践形态的产品有课堂教学实录、教研活动实录、

---

① 裴栓保：《中小学英语教师科研论文写作方法指导》，广西教育出版社，2012 年版，第 463 页。

教师的成长、学生的成长、学校的发展等。论文只是其中的一种文本形态，而论文除在学术刊物上发表之外，还可以在学术会议上宣读、交流和讨论，或提供给行政部门作为决策依据等其他用途。

我们期待着中小学教师的研究者角色觉醒，一旦中小学教师有了研究者的角色认同，那么，处处是研究之地，时时是研究之时，人人是研究者，写论文也就不再是难事。

# II

一

## 材料篇

巧妇难为无米之炊，写作首先要有材料。材料有两种：直接材料与间接材料。直接材料来源于生活，来源于教育教学实践；间接材料来源于书本和网络资源，或与他人聊天所得。材料要多，多了，才能激发研究者的灵感，让研究者有更多挑选的余地，找到合适的选题。

# "天下文章一大抄"

有些教师在评职称等关键时刻才发现需要论文，火烧眉毛时，首先想到的是"抄"。天下文章一大抄，这句话倒也没什么错，关键是会不会"抄"。

周作人晚年时自称"文抄公"，并不以为耻，反而有点傲。他博览群书，博闻强记，因此值得他抄下来的文字都是有价值的文字。他抄的是他人见所未见的书，把其中他认为最重要的地方抄下来，加上一点自己的意见，便成了一篇文章。这曾受人讥讽，但现在的研究者一般不持这种轻率的态度。

周作人的"抄"原因很复杂，不过其中有一点是他信奉"日光之下并无新事"。笔者曾读到过一位哲人的话："我们都是活着的死人。"意思是说，我们正在体验着的生活、情感，古人都曾体验过；我们思索的，古人都曾思索过；我们说过的话，古人大概也都说过了。儒家追求的人生意义在于"立德、立功、立言"，把"立言"与"立德、立功"相提并论，可见"立言"是一件多么不容易的事！一些著作等身的大教授经常自嘲：一辈子写了几十本书，几百万言，还不如老子的《道德经》五千言呢！

有些校长、骨干教师培训班，要求受训者写十几万、几十万字的读书笔记，有人认为这是做无用功，笔者倒不这么看。这大概是管理培训班的人没有办法的办法。其实，只要把读书笔记拿来一检查，看他到底抄了些什么文字，就能看出这个人的见识了。

学术，首先在于积累，没有积累，就无法创造。因此，一个人如果确实没写过论文，不妨从"抄"开始。找几本专题相似的书，或几篇论点相同的文章，把其中你认为有心得的地方抄下来，调整好其中的逻辑顺序，再加点自己的教学体会、教学案例，一篇马马虎虎的论文就诞生了！

笔者这里说的其实是阅读与写作的关系。阅读是写作的基础，不阅读，再苦思冥想也写不出什么好文章。"学而不思则罔，思而不学则殆。"书读得越多，触类旁通，想问题就越融会贯通，一个新论点就会自然而然地冒出来。另外，学书法，写文章，都是从仿写开始的。因此，要敢想、敢写、敢"抄"，不要把写论文视为畏途。

当然，学书法要慢慢从临帖到默帖再到创作，写论文也要慢慢从"抄"到不抄，由我手写我口，到我手写我心，让文章自然地从心田流露出来。

"抄"不能是剪刀加糨糊，大段大段地复制、粘贴。众所周知，现在投稿、职称评审、评优评先的资格审查等环节，论文送审时都需要经过检测。常用的检测工具有中国知网开发的"学术不端"、维普开发的"通达论文检测"、万方数据开发的"论文相似性检测"等。据说，有些市教育行政部门在检测论文时规定网络重复率不能超过40%，而笔者所在的《福建基础教育研究》编辑部内部规定，来稿网络重复率不超过10%才能送审。可见，对于"抄"，我们是有一定的容忍度的。网络重复率为零并不意味着最好，如前所述，学术并不是凭空而生，而是需要积累、传承的。在具体操作中，我们还需灵活掌握，如有的论文重复率虽然超过10%，但是它较为分散，我们还是会让它通过，因为作者参考了比较多的文献。就像下图所显示的这篇文章，网络重复率达15.7%，但最大的段落重复不超过6%。

## 文本复制检测报告单 [①]

No: ADBD2008R_20110928222447201302280858129031685 36272

检测文献　探究教学方法促进学习迁移

作　者

检测范围　中国学术期刊网络出版总库

中国博士学位论文全文数据库 / 中国优秀硕士学位论文全文数据库

---

① 复制自中国知网。

中国重要会议论文全文数据库

中国重要报纸全文数据库

中国专利全文数据库

互联网资源

英文数据库（涵盖期刊、博硕、会议的英文数据以及德国 Springer、英国 Taylor & Francis 期刊数据库等）

优先出版文献库

时间范围　1900-01-01 至 2012-12-31

检测日期　2013-02-28 08:58:12

总文字复制比：15.7%　　　　□（表格）　　　💬（观点）

去除引用：14.8%　去除本人：15.7%　重合字数：461　文献总字数：2938

探究教学方法促进学习迁移　总文字复制比：15.7%（461）　总字数：2938

| 1. 促进正迁移以提高英语学习效能探究 | 5.7%，是否引用：否 |
|---|---|
| 李美英；-《英语教师》-2010-02-05 | |
| 2. 试论迁移理论在语文教学中的应用 | 3.7%，是否引用：否 |
| 杨建斌；-《小学教学研究》-1994-04-15 | |
| 3. 政治主观性试题解答程序与技巧 _curry | 3.5%，是否引用：否 |
| 4. 政治主观性试题解答程序与技巧 _ 夏日清凉 | 3.5%，是否引用：否 |
| 5. 高三政治答题套路（二）_ 润物无声 | 3.4%，是否引用：否 |
| 6.［解法］关于解题方法及应试技巧指导 _ 苏菲高考 | 3.4%，是否引用：否 |
| 7. 九爷资料：政治主观性试题解答程序与技巧（转）_ 九爷 | 3.4%，是否引用：否 |
| 8. 政治论坛（［推荐］政治主观性试题解答程序与技巧 - 浏览主题） | 3.4%，是否引用：否 |
| 9.［转载］【高考来啦】高三考生如何学好政治 _ 等待绽放 | 3.4%，是否引用：否 |
| 10.［转载］高考文综答题技巧全攻略 _ 江山依旧 | 3.4%，是否引用：否 |
| 11.［转载］文综试卷主观题的主要形式及解题方法 _ 初中政治姜老师 | 3.4%，是否引用：否 |
| 12.［解法］关于解题方法及应试技巧指导 WBRW- 言小范文网 | 2.9%，是否引用：否 |

| | | |
|---|---|---|
| 13.［解法］关于解题方法及应试技巧指导 | 2.9%，是否引用：否 | |
| 14.培养学生知识迁移能力的途径与方法 | 2.8%，是否引用：否 | |
| 徐慢；－《思想政治课教学》－2011-06-28 | | |
| 15.高考政治主观题解题技巧 | 2.7%，是否引用：否 | |
| 牛文斗；－《新课程（教育学术）》－2010-02-28 | | |
| 16.高考政治主观性试题设问类型与解题方法 | 2.7%，是否引用：否 | |
| 17.高考主观题常见题型及解题方法－高中政治网｜高中政治｜高中思想政治｜高考免费试题｜高考免费资料｜免费备考资料｜高三政治｜高二政治｜高一政治｜｜时事｜高中政治课件｜高中政治教案｜高中政治教学｜广东政治｜海南政治 | 2.7%，是否引用：否 | |
| 18.高考政治主观性试题设问类型与解题方法＿高高兴兴 | 2.7%，是否引用：否 | |
| 19.高考文综政治科主观性试题的设问类型归纳与解题方法探究 | 2.7%，是否引用：否 | |
| 20.高考政治"意义类"主观题备考启示 | 2.7%，是否引用：否 | |
| 唐建；－《高考（文科版）》－2008-04-01 | | |

　　而有些文章网络重复率虽然低于10%，但是集中于某一文献，此时可认为作者参阅的文献少，有大段抄袭的嫌疑，就退回让作者删改。如下图显示的《职业中专数学分层次作业探索》一文，很明显其中一大段抄自邓祖坚老师发表在《福建中学数学》的《高中数学分层次作业探索》一文，这是不允许的。

## 文本复制检测报告单 [①]

No：ADBD2008R_2011092822244720130227163728903165991211

检测文献　职业中专数学分层次作业探索（修改）

作　　者

检测范围　中国学术期刊网络出版总库

　　　　　中国博士学位论文全文数据库／中国优秀硕士学位论文全文数据库

　　　　　中国重要会议论文全文数据库

---

① 复制自中国知网。

中国重要报纸全文数据库

中国专利全文数据库

互联网资源

英文数据库（涵盖期刊、博硕、会议的英文数据以及德国 Springer、英国 Taylor & Francis 期刊数据库等）

优先出版文献库

时间范围　1900-01-01 至 2012-12-31

检测日期　2013-02-27 16:37:28

总文字复制比：9.1%　　　■（表格）　　　□（观点）

去除引用：9.1%　去除本人：9.1%　重合字数：298　文献总字数：3260

职业中专数学分层次作业探索（修改）总文字复制比：9.1%（298）总字数：3260

---

1. 高中数学分层次作业探索　　　　　　　9.1%，是否引用：否

邓祖坚；－《福建中学数学》－2011-07-20

---

　　"抄"不是罪！通过"抄"书，你会发现，写论文并不是什么神秘的、高不可攀的事。著名语文教育学家吕叔湘先生说："语文的使用是一种技能，一种习惯，只有通过正确的模仿和反复的实践才能养成。"[1] 美国剧作家威尔逊·密士那（1876—1933 年）说得更直接、更风趣："如果你从一个作家那里抄，是剽窃；如果你从许多作家那里抄，是研究。"[2]（If you steal from one author, it's *plagiarism*; if you steal from many, it's *research*.）谨记，"抄"文章要像蜜蜂一样，勤采百家花，才能酿成自家蜜。有专家还从学理上分析这样"抄袭"的文章所具有的科研成分："首先，标题的拟定，也就是研究的课题，不是凭空想象的，是考虑了目前需要解决的教育问题，其目的性比较明确。建立在解决问题的标题确定之上，是符合教育科研三大要素之一的。其次，文章中的成果价值即观点以及为论证观点正确性服务的论据材料，虽然是抄

---

① 吕叔湘：《吕叔湘论语文教学》，山东教育出版社，1987 年版，第 53 页。

② 普洛克特：《剑桥国际英语词典（英汉双解）（重排校订本）》，上海外语教育出版社，2004 年版，第 1019 页。

袭而来，但这些观点和论据材料最初出自原研究者的研究成果。我们再来从教育科研论文形成的步骤来看抄袭论文的形成过程，它们与研究者研究出来的论文的不同点，主要是在材料的收集和观点的提炼两个方面。但是，这些观点的形成，还是没有离开来自材料提炼这一原则。有些论文撰写者虽然盗窃了他人的材料，但也有一些自己补充的材料，这些自己补充的论据材料，是平时的知识积累。"[①] 这样的论调或许过于宽松，但视为对初学者的鼓励却未尝不可。

前人把"抄袭"分为三种：作文浅者偷其字，中者偷其意，高者偷其气。

北宋以"红杏枝头春意闹"成名的词人宋祁有一首词《鹧鸪天》："画毂雕鞍狭路逢，一声肠断绣帘中。身无彩凤双飞翼，心有灵犀一点通。金作屋，玉为笼，车如流水马如龙。刘郎已恨蓬山远，更隔蓬山几万重。"其中的"身无彩凤双飞翼，心有灵犀一点通"即"偷"自唐代诗人李商隐的《无题》；"刘郎已恨蓬山远，更隔蓬山几万重"亦是"偷"自李商隐的另一首《无题》中的"刘郎已恨蓬山远，更隔蓬山一万重"。由于引用得妥帖，能够"借他人酒杯，浇自己胸中块垒"，这首词传唱开来，一直传到了皇宫。不过这首词没能经受时间的考验成为经典，终究是偷其字者为浅。偷其字者，在今天的网络出版时代却是行不通的，因为过不了网络检测关，评职称送审时也会提心吊胆。

借其意者，是把他人的文章大意吸收了，用自己的话重述一遍。有人曾当着笔者的面吹嘘，给他一篇网络重复率 100% 的文章，他能够将其改得复检时为零。笔者对此表示怀疑——这样改出来的文章，怎么能让人读下去？即使真能改通顺了，其中能有几分真意、新意？这就像不良商人把隔夜的馒头拿去粉碎，重新加工再上架，但其中的酸臭味怎能瞒过顾客的味蕾。这种缺失学术诚信的事，有良心的人万万做不得！

偷其气者为高！读书如吃饭，吃下了猪肉并不是变成猪，而是吸其精华，化作自己的血肉，成为自己的能量。任何伟人、名人，都不可能横空出

---

① 桂建生：《教育科研论文的研究过程》，载《教育理论与实践》，2008 年第 11 期。

世，而是在吸取前人精华的基础上再创造的。据孙绍振研究，"鲁迅在《祝福》中写祥林嫂反复对人诉说阿毛的故事而遭到冷遇，是受到契诃夫的《苦恼》中马车夫姚纳死了儿子反复向顾客诉说而遭到嘲弄这一构思的影响的。《苦恼》早在五四时期就由胡适翻译出来了，鲁迅肯定是读过的。"[①] 而贾平凹文章中的很多意象也是借助于前人的，如曾国藩、李渔、泰戈尔等。笔者曾发表过一篇文章《和谐语境下均衡原则在期刊策划中的运用》，其灵感就来自某天看《新闻联播》时，主持人批判西方媒体对我国某个事件的报道"有失平衡"。

气从何而来？苏轼《和董传留别》曰："粗缯大布裹生涯，腹有诗书气自华。"

---

① 孙绍振：《审美形象的创造：文学创作论》，海峡文艺出版社，2000 年版，第 281 页。

# 读　书

　　教师身处教育教学情景之中，写论文时却苦于找不到材料，真是"不识庐山真面目，只缘身在此山中"。读书是解决这一问题的路径之一。

　　读书能开窍。读书有捷径，要写一篇一般性的论文，可以输入关键词到搜索引擎去检索，下载几篇相关的文章，读一读，拼凑一下就成了。不过，网络上的文章很多是"大路货"，不够专业，专业论文还是要上知网、维普、万方数据或龙源期刊网等学术文献数据库去下载。如果想获得"良"，还是要看书，在当当网、中图网等输入关键词，找几本相关的书，下单后，没几天就会收到。

　　随着互联网的高速发展，能静下心来读书的人越来越少。但不读书，心灵得不到滋养；不读书，知识得不到更新；不读书，就"抄"不出论文。教育家马卡连柯曾说，教师的道德是建立在学问基础上的，不学无术，再怎么讨好学生也不会得到学生的爱戴。教师的职业特点，决定了不阅读是没有师德的。叶澜教授认为，教师的知识结构是多层复合的，主要有三层，最基础层是有关当代科学和人文两方面的基本知识，以及工具性学科的扎实基础和熟练运用的技能技巧；第二层是应具备一至两门学科的专门性知识与技能，即教师胜任教学工作的基础性知识；第三层是教育学科类，由帮助教师认识教育对象、教育教学活动和展开教育研究的专门知识构成。这三个层面的知识相互支撑，相互渗透，并能有机整合。[①] 这可谓是对新时代新教师的高标

---

① 叶澜等：《教师角色与教师发展新探》，教育科学出版社，2001 年版，第 23-24 页。

准严要求。

笔者认为，有几类书教师必须读。

第一类是新的课程方案、课程标准等。单单学习这些文本可能理解不深、不透，必须辅以专家解读的著作。

第二类是专题书。根据论文的需要、教学的需要，教师可以在一段时间内集中读某个专题的书，如"校本课程""深度学习""大概念""批判性思维"等。在阅读中对比、思辨，融会贯通，一些教育教学困惑就会迎刃而解，教学技能与教育境界就会得到提升。某些专题的经典著作非读不可，它们不是快餐，而是营养丰富的"大块头"。爱因斯坦晚年时写了一篇短文，极力反对人们吃"速食"，而要读经典："一个世纪里，具有清澈的思想风格和优美的鉴赏力的启蒙者，为数很少。他们遗留下来的著作，是人类一份最宝贵的财产。我们要感谢古代的少数作家，全靠他们，中世纪的人才能够从那种曾使生活黑暗了不只五百年的迷信和无知中逐渐摆脱出来。"[1]

第三类是专人书。根据个人的兴趣、偏好，先选择自己喜欢的某个教育专家的书来读，如魏书生、李吉林、钱梦龙、钱理群、任勇、陈日亮、孙绍振、朱永新、于漪、王荣生、王蔷、史宁中等，把其中某人的书尽可能地都搜来，全部读一读。我们也许都有过这样的感觉：书越读越薄。著名数学家华罗庚曾说："在对书中每一个问题都经过细嚼慢咽，真正懂得之后，就需要进一步把全书各部分内容串连起来理解，加以融会贯通，从而弄清楚什么是书中的主要问题以及各个问题之间的关系。这样，我们就能抓住统帅全书的基本线索，贯穿全书的精神实质。我常常把这种读书过程，叫做'从厚到薄'的过程。"把某个人的书全部读完（甚至不用读完，只要读一半），你就会发现，这些专家翻来覆去，讲的不过是几个"道"而已。这时，你就把这个专家的主要观点掌握了，就"征服"这个专家了。这就像你征服了一座高山，自然越来越感觉自己脚力矫健，于是又向另一座高山进发。这时，你可

---

[1] 爱因斯坦：《爱因斯坦文集（第三卷）》，许良英、赵中立、张宣三编译，商务印书馆，1979 年版，第 303 页。

能去读一些民国时期教育家的书，如叶圣陶、陶行知、蔡元培等；接着读古人的书，如朱熹、孔子等；然后读外国教育家的书，如夸美纽斯、苏霍姆林斯基、杜威、第斯多惠、卢梭、皮亚杰……会当凌绝顶，自然一览众山小，诚如牛顿所说："我之所以看得比别人更远，是因为我站在巨人的肩膀上。"

第四类是专业书。中小学教师虽然教授的是基础知识，但是，给人一杯水，自己必须有一桶水，有时甚至是大江、大河、大海！现在，教师已经被确认为专业技术人才，按照技术等级领取薪酬。但是，有些教师受传统观念的影响，在内心深处并不认同自己，依然认为自己是"教书匠"——其中一个原因可能是认为自己文凭不高、知识水平有限。不过，教师应该切实提高自身的业务水平，避免误人子弟。有自卑心理的教师，应该化压力为动力，加强对自己所任教科目专业知识的学习。在科技突飞猛进的今天，知识的更新日新月异，教师不学习很快就落伍了；人文学科亦如此，观念的更新很快，教师不学习很快就会与学生产生"代沟"，与学生的"对话"产生障碍。

第五类是心理学、教育学的书。专业知识与心理学、教育学知识构成教师专业技术的两翼，缺一不可。有人甚至认为，心理学、教育学知识比专业知识更重要，因为中小学的教学内容较为浅易，关键在于会不会教。而心理学、教育学知识的更新同样很快，不学习同样会落伍。有空时，应把接受师范教育时的教材翻出来读一读。福建省首届中小学教师教学技能大赛特等奖获得者、莆田擢英中学余瑛老师在总结经验时说："为了更好地把握学生的心理特征，增强德育工作的有效性，我到网络上搜集各种材料、案例，更是静下心来将大学时代学习的公共教育学教程、教育心理学认真温习一遍。这一追根溯源的理论学习，使我对问题的看法没有简单地停留在网络上层出不穷的新名词上，而是找到问题本质之所在。我在实践中也不断加深对理论的理解和运用……正是源于平时的积累，我更从容地面对学生，面对这次技能大赛的挑战，在最后一轮的综合赛中，我笔试部分有关知识面和教育学理论的成绩优胜于其他选手，这不是临阵磨枪的结果，是平时积累的功效。"[1]

---

[1] 余瑛：《做一个自尊、自信、自强的新时代女教师》，载《福建基础教育研究》，2011 年第 2 期。

由于知识更新很快，因此除了读自己当年的大学教材，还要购买最新的心理学、教育学教材，看一看最近又有哪些新的提法。买书时要注意两点：一是对相同题材的书，我们要挑相对权威的出版社出版的书；二是对同一本书，我们要挑新出版（修订版）的书。当然，有些经典著作可能暂时没有再版，那就要去图书馆借，或者在网上购买，或者到"读秀学术搜索"等上检索。

第六类是教育专业报刊。人们常把书比作海洋，海洋是宽阔、深邃的，而报纸、杂志则是海洋上翻滚的浪花，它们在海面上翻滚，掀起一阵又一阵汹涌的波涛，最吸引人们的眼球。教育专业报刊反映了当下的教育教学状况和问题，与教育现实紧密相关。要了解人们对当前教育教学问题的思考，非读教育专业报刊不可。有个同行编辑说："我曾给许多数学教师提过建议：希望他们能够每年自掏腰包订阅两三种专业期刊（一百多元），并同时经常关注或翻阅七八种期刊（一般应由学校图书馆、资料室常年邮订），若能这样做，坚持三五年，完全有可能成为一名出色的、有学问的教师。坚持这样做，相当于主动上了若干年研究性大学。"① 如果说这位编辑是"王婆卖瓜，自卖自夸"，那么，著名学者季羡林先生的经验可能更有说服力："稍懂学术研究的人都会知道，学术上的新见解总是最先发表在杂志上刊登的论文，进入学术著作，多半是比较晚的事情了。每一位学者都必须尽量多地尽量及时地阅读中外有关的杂志。在阅读中，认为观点正确，则心领神会。认为不正确，则自己必有自己的想法。阅读既多，则融会贯通，逐渐形成了自己的新见解，发而成文，对自己这一门学问会有所推动。这就是'从杂志缝里找文章'。"② 此外，想给哪家杂志投稿，必须把这家杂志拿来看一看，了解它的办刊风格和论文格式规范，遵循它的风格和规范来修改自己的论文，以示对这家杂志的尊重，这样才会提高投稿的命中率。

第七类是教育以外的书。世界是普遍联系的，教育也不是孤立的，因

① 《编者语：本刊不是"核心期刊"》，载《中小学数学·高中版》，2009 年第 1、2 期合刊。
② 季羡林：《季羡林谈写作》，中国书店，2007 年版，第 9 页。

此，要更好地认识教育，还需要跳出教育看教育，多读一些教育以外的书，诸如哲学、美学、文学、历史、天文地理、医学等。苏霍姆林斯基是这样读书的："了解数学、物理学、生物学、生物化学、电子学等学科所达到的最新水平尤其重要。在我的实验室里（我这样称呼我的办公室）放着一叠叠笔记本（每门科学或一个科学问题各有一个厚本子），笔记本里成千上万条期刊摘录和剪报。我的兴趣和爱好直接地、特别是通过教师间接地不断传给学生……我抱着极大的兴趣阅读遗传学、自动化技术、电子学、天文学等方面的科学书籍……我有丰富的藏书，我收藏的只是那些具有重大艺术价值的著作。我想使这些书成为审美修养的标准。教师、学生、家长都来向我借书。跟读者的每一次晤谈都给我带来极大的愉快：我们总是自然地攀谈起来，我从中了解到种种有趣的生活经历，这样便开阔了我的教育眼界。"[1] 读书面广了，视野自然就开阔了，心胸也就豁达了。知识滋养性情，学识丰赡，道德高标，教育教学就更有实效。

读书还要注意方法。

第一，不动笔墨不读书。独自冥思苦想不一定有效果，这时拿起书来读，说不定会豁然开朗。读一本好书，就如同与一位高士、智者或一位朋友聊天。听他说话，你在不知不觉中就能迸发出思想的火花，就想插嘴。记住，此时身边一定要备有纸、笔，把你被激发的灵感（想插的话）记下来。读完之后，把这些只言片语整理一下，就完完全全变成自己的东西了，一点儿也不会与别人重复。

第二，要有整体把握观。读书要不时回到目录与书名，审视自己正在读的章节在全书中的位置，以俯视的角度来整体把握全书的脉络，而不是被作者牵着鼻子走，迷失于丛林之中而不自知。这就像开车在路上跑时，要时不时看一眼导航仪，才能清楚自己目前所在的位置。

要学会快速阅读。这可以从以下三个方面进行训练：每回凝视的时间要

---

[1] 蔡汀、王义高、祖晶：《苏霍姆林斯基选集（五卷本）·第4卷》，教育科学出版社，2001年版，第52—54页。

短，而字数要多，把注意力集中在关键词上；既不可出声读，也不可默读，要快速扫描；要养成读一遍就把握住意思，不再回过头来看看的好习惯。①

　　第三，精读与泛读结合。有些书我们要用翻的，知道一些大概即可，想用的时候能立即找到要找的位置；有些书则是要用啃的，几次三番地读。苏东坡有读书"八面受敌法"，他认为一本书的内容是很丰富的，而人的精力有限，不可能一下子全部吸收进来，故"每次作一意求之""勿生余念"，即每读一遍，只要理解和消化一个问题就行了，然后熟读数遍，方能把全书的精髓掌握下来。比如，他读《汉书》时就列出治道、人物、地理、官制、兵法、财货等方面，每次阅读着重研究其中一个方面的问题；然后换一个角度，再读一遍；在分项研究的基础上，再进行综合，最终达到融会贯通。这样，即使"八面受敌"，也能应付自如。这个方法虽有些笨，却是步步为营，稳打稳扎。当然，不可能也没必要对每一本书都如此细嚼，对更多的书是要快速浏览，以提取为我所用的信息。

　　第四，悦读，读自己感兴趣的书。书籍浩如烟海，庄子曰："吾生也有涯，而知也无涯。以有涯随无涯，殆已。"（《庄子·养生主》）我们穷一生之力也不可能把世上的书都读完。在把经典著作和报刊推荐的时文纳入阅读视野之时，我们只能读一些能读懂的、感兴趣的书，而那些我们觉得太浅的书，随便翻翻即可；那些暂时读不懂、不感兴趣的书，只好让它们在墙角躺着。读书，也是需要缘分的，当你对某个问题百思不得其解的时候，可能一本书蓦然就出现在你的眼前，如久旱甘霖，十分解渴。这是符合"最近发展区"教育理论的。当然，有些书可能无法绕过去了，此时可以暂且搁置，先读一些相关的读得懂的书，再回过头来啃它。有学者曾言："要不断地读那些自己不太懂的书，让自己不断面临挑战，让自己不断听到文字发出的无声的召唤——让自己不断地迎面走向获得提高的机会。"②不畏艰难困苦地"攻书"，有时是必须的。

---

① 李景隆：《基础写作》，中央广播电视大学出版社，1989年版，第63页。

② 张新颖：《读书这么好的事》，广西师范大学出版社，2004年版，第44页。

著名语言学家王力说："一个小小的题目，我们就要占有很多的材料，往往是几十万字，要做几千几万张卡片。""你别看写出来文章只有一万字，几千字，收集的材料却是几十万字。这叫做充分占有材料，材料越多越好。材料不够就写不出好文章，只能放弃，等将来材料够了再写。"[①]下笔如有神者，都是因为读书破万卷。让我们从产生 7 位美国总统、40 位诺贝尔奖获得者的哈佛大学的校训中去获取一些感悟吧：

　　第一条：此刻打盹，你将做梦。而此刻学习，你将圆梦。
　　……
　　第三条：觉得为时已晚的时候，恰恰是最早的时候。
　　……

----

① 　王力、朱光潜等：《怎样写论文》，辽宁教育出版社，2006 年版，第 5 页。

# 中国知网使用技巧

在网络搜索学术文献时，中国知网的信息量是目前最大的。

一般人打开中国知网首页，直接输入需要的关键词，这样查找的结果往往是海量的，会让使用者无所适从，严重降低使用效率。

此时，我们可以点击右边的"高级检索"，选择"关键词"，并输入信息。"关键词"越多，检出的结果就越精确。此外，还可以在"发表时间""文献来源""作者""作者单位"等处输入信息，输入的信息越多，输出的结果就越少，也更接近寻找目标。

中国知网的文献来源渠道众多，尤其是一些博士论文、硕士论文，长篇巨著，往往令人头晕目眩。笔者在这里特意为大家推荐"期刊"检索的方法。

进入主页面后，先点击网页上方的"旧版入口"，再点击右边的"高级检索"，最后点击网页上方的"期刊"，这时出现的"主题"有两个输入项，输入之后点击"检索"，就可以输出结果了。

但是，这样输出的结果可能还是太多、太杂，这里建议大家将时间范围进行确定。一般来说，我们应该采用较新的文献，而不采用那些陈旧的文献。这时可以直接选择相应的时间范围，也可以在旁边的"指定期"中输入所需的时间。

但是，这时输出的结果可能还是太多、太杂。笔者的使用习惯是，点击

"旧版入口"，再点击对话框右边的"高级检索"，然后点击上方的"期刊"，这时会出现"全部期刊""SCI来源期刊""EI来源期刊""核心期刊""CSSCI""CSCD"等六个选项。此时可勾掉"全部期刊"，而点击"核心期刊"。一般认为，"核心期刊"的文章更值得关注、参考与引用。而查找文献一般也遵循从重要到不重要的顺序，这样便于节省时间和精力。

如果把"来源类型"与"从'____'年到'____'年"两个选项合并使用，即可查找到想查阅的某个刊物某期的全部文章了。

输入"作者"选项，可以查找到某个人发表的文章。不过需要注意的是：第一，全国范围内同名同姓的人往往不少，因此最好再加上"作者单位"，才能得到我们真正要找的那个作者的文章，但有时作者的单位会发生变动，此时需要我们对所查询之人有一定的了解；第二，中国知网所收集的期刊是所有期刊网中最多的，但并不是全部，因此不是说输入作者姓名与单位，就可以查到该作者所有的已发表的文章。

综上所述，可以得出这样一条网络搜索规则：输入的信息项越少，输出的信息量越大，越模糊；输入的信息项越多，输出的信息量越少，越精确。在信息爆炸的时代，能快速地找到自己最需要的信息与文献，也是一种重要的能力。这种能力，只有在学习、使用中去培养、锻炼。以上是笔者个人一点点的使用习惯和经验，供大家参考。

# 看不懂的文章是好文章吗

　　学术期刊是一种经过同行评议、以展示特定学科或领域研究成果的期刊，其内容主要以原创研究、综述文章、书评等形式的文章为主。[①] 一般而言，学术期刊采用双向匿名审稿制度，即把来稿隐去作者姓名后送给同行专家审查；在需向作者反馈审稿结果时，隐去专家的姓名。这是国内外重要学术期刊通用的审稿方式，是狭义的同行评议。在广义上，同一学校、同一学科的教师就是同行，这个同行可以一直扩大，一个县、一个市、一个省……2016 年 4 月 28 日，由福建省人力资源和社会保障厅、福建省教育厅联合印发的《福建省中小学教师职称评审办法》第十五条规定："中小学教师职称实行评审委员会评审制度。根据评审的需要分别组建正高级、高级、中级、初级教师职称评审委员会。正高级教师职称评审委员会执行委员一般不少于 25 人，高级教师职称评审委员会执行委员一般不少于 17 人，中级教师职称评审委员会执行委员一般不少于 13 人，初级教师职称评审委员会执行委员一般不少于 7 人。评审委员会执行委员须由现聘为相应及以上职称等级的教师组成。正高级教师职称评审委员会执行委员由高等院校从事基础教育研究的教授、教育教学研究机构研究员，相同或相近专业的专家和长期在中小学一线教学、担任高级教师 10 年以上、教育教学能力突出、具有良好师德和一定知名度的高水平教师组成，中小学领域的专家不少于二分之一。"这就是省级

---

① 余树华：《学术期刊转型导论》，世界图书出版广东有限公司，2013 年版，第 1 页。

的同行评议。

人们还设计出一种理想化的同行评议：OA 模式出版期刊采取"先发表后评审"的方式登载最新科研成果，除编辑外，还可以得到读者的批评与争鸣，以随时修改，实现作者、读者、编辑之间一对一、一对多、多对多的交流互动。[①] 这种公开的原则不但能吸引读者参与文章的创作，还能贯彻到评议的环节。评审人员需要在每篇论文后面署名，论文的初稿、评审人员的意见、作者的修改稿连同论文的最终稿都同时在网上发布。[②] 彻底的公开必将带来公平、公正，从而提升整体学术水平。但是，这种评议方式由于受到组织方式和运作成本的限制，难以实施。从这个角度看，狭义的同行评议没有较大范围的公开，因此也不存在绝对的公平，某些情况下存在碰运气的成分。

笔者的专业是中文，对语文学科的文章一般能够看懂，对政治、历史、英语的稿件也能勉强看看，但对数学、物理的稿件就一头雾水了，看不懂时就不由对作者心生敬畏。但有时拿起理科的稿件，竟然也全都看懂了，这时不由在心底生出一丝怠慢的念头。由此笔者有个"歪论"："我看不懂的文章就是好文章。"这句话或许可以略作修正："我看不懂的文章可能就是好文章。"这是有一定道理的，爱因斯坦的相对论刚刚问世的时候，据说，当时全世界能理解的人只有 12 个。

随着社会的发展，教师的专业化日益明显。如同医生、律师、会计师、工程师一样，教师的尊严，很大程度上来自其专业水平。同样的，一篇文章的价值主要也基于其专业化程度，专业化程度越高，含金量越大，越受人重视，被人引用，反之则受人鄙薄。例如，有些语文来稿没有语文味，有些数学文章没有数学特色……这都是缺陷。

深究起来，教学论文的专业化是一个复杂的问题。就像有些来稿专门谈学科知识，而这些知识又是常识，只不过作者进行了归纳、分类。例如，有

---

① 余望：《OA 期刊与传统学术期刊的比较及我国发展 OA 期刊应注意的问题》，载《中国编辑》，2007 年第 6 期。

② 韩红艳、李凤学：《OA 期刊的出版模式及策略研究》，载《长春理工大学学报（高教版）》，2009 年第 9 期。

一篇来稿《必修1文言复习和名著的巧结合》，其主体是第三部分"文言名著相结合举例"：

### 一言九辩重于九鼎之宝，三寸之舌强于百万之师

开篇《烛之武退秦师》说理透辟，善于辞令。沿着历史的长河，我们举桨泛舟，追寻那个年已七十，夜缒而出，直入敌营，三言两语便拯救国家于危难之中的烛之武。他三朝为官却英雄无用武之地，在历经寂寞与痛苦的煎熬后，终在人生的最后时刻指点江山，激扬文字。

......

### 君子死知己，提剑出燕京

"君子死知己，提剑出燕京。"当萧萧哀风逝，澹澹寒波生的时候，我们忍不住再次商音更羽奏："惜哉剑术疏，奇功遂不成。"荆轲的剑术实在是拙劣，然而荆轲慷慨悲歌、义无反顾的壮烈情怀是我们民族永远萦绕的情感；荆轲身上体现的以弱小个体反抗强暴的勇气、甘为高尚的政治价值观和理想主义献身的牺牲精神千古流传。荆轲刺秦已成为"英勇赴国难"的代名词。无独有偶，《三国演义》中也有一个人因为当了回刺客而一举成名。他的"宁教我负天下人，不教天下人负我"家喻户晓，在他还是一个小小的校尉时便主动请缨，刺杀残忍嗜杀、倒行逆施、掌控朝中大权的董卓。他不是很好的刺客，但他有随机应变、处变不惊的能力，他就是曹操。只遗憾他因为这刺杀而变得杯弓蛇影，枉杀吕伯奢一家，为日后陈宫投吕布与之对抗铺平了道路。

......

### 鸿门宴

"霸王别姬，侠骨柔情"，曾经的破釜沉舟最终化作乌江悲咽的泪。乌江岸边，英雄末路，只在于一场命运的筵席——《鸿门宴》。

......

**谋士与勇士**

（1）张良对"吾之子房"荀彧。

"王佐之才"荀彧作为曹操统一北方的首席谋臣和功臣，在战略上为曹操制定并规划了统一北方的蓝图和军事路线，曾多次修正曹操的战略方针而得到曹操的赞赏；战术方面，他曾面对吕布叛乱而保全兖州三城，以奇谋扼袁绍于官渡，显出宛、叶而间行轻进，以掩其不意，奇袭荆州，建树诸多；政治方面，他为曹操举荐了钟繇、荀攸、陈群、杜袭、司马懿、郭嘉等大量人才。荀彧在建计、密谋、匡弼、举人等方面多有建树，被曹操称为"吾之子房"。

……

**自大的结局**

项羽和关羽，二人出身不同，但都怜恤士卒，鄙视权贵，却自恃武功而刚愎自用，在历次战役中颇有些有勇无谋的味道，缺乏战略家的眼光与胸怀，因此，败亦难免。

文章的结尾写道："2012年的高考题目会让考生在高兴的状态下丢分！教师应按照复习课的教学流程，注重课堂教学的科学性与有效性，能在'考点'中找'疑点'并进行施教，让单调的复习课变得生动灵活，起到事半功倍的效果。"从这里可以看出这位作者颇有教学心得和自信，教学成效应该也不错。但是，这篇文章不能算教学论文，因为它对语文高考知识的分类整理，是讲给学生听的，不是讲给同行听的。教学论文谈的应该是教师如何把知识教给学生的方法。

但是，谈教学方法的文章太多了，有的甚至自称是"教学模式"。实际上，模式是一种成熟的、定型的、可以复制的、值得推广的经验，是一种较难达到的高度，必须慎言。

相比之下，一些研究学科知识疑难点的文章却很少。如果能够针对教材或者更广泛的学科常识提出质疑，写出商榷性的文章，哪怕仅有几百字，都是有价值的。比如，复旦大学附属中学李祯的《thank和thanks的用法探讨》、中国人民大学历史学院王大庆与中国人民大学附属中学秦冬梅合写的《对古代希腊城邦民主制度的几点看法——从人教版高中历史必修一教材说起》就属于这类文章。再如，《福建教育学院学报》在2002—2005年就曾刊登过福建省龙海市古县中学李阿山的系列文章"新版高中语文古诗文疑难词句臆解"，共15篇；《中学数学教学参考》2013年第4期（上旬）刊登了陕西省吴起高级中学马阳安的《e的巧记》，不足200字：

一次，我去听我校胡汉明老师的课，他这节课讲的是对数。在介绍"e"时，他说："自然对数的底数e=2.718281828459045……，像π一样，它也是一个无理数，其前16位有一个奇妙的记忆方法。同学们可以想象一名老漆匠在刷油漆，身上一不小心沾上两点漆（2.7），为了把油漆弄下来，他一扒两扒（1828），但是还没有弄下来，于是再一扒两扒（1828），而且一边扒一边自言自语：'失误（45）！我久练（90）也失误（45）了！'"满教室都是笑声，学生在轻松的气氛中就记住了。

教学论文的专业化还体现在善于吸收新知识、新观念和新概念。例如，《福建教育学院学报》2006年刊登的福建省漳浦县第一中学蔡志贤的文章《全纳教育下的语文教材与教学案例研究》，就及时地运用了当时刚出现的"全纳"这一理念。

在做单学科纵向深入研究的同时，我们还可以做横向多学科的综合性研究。例如，笔者曾成功申请到2013年福建省社会科学研究项目"族群文化视域下台湾客家小说的民俗书写"，这个课题就涵盖了台湾文学、客家学、民俗学三个学科，属于跨学科研究。福建省物理学科正高级、特级教师詹国荣发表在《物理教学》2012年第10期上的《海洋面形状与万有引力》，就是一篇融物理、地理和文学于一体的文章。其开头是：

"春江潮水连海平，海上明月共潮生。"这是脍炙人口的唐诗句子，在唐代，海洋潮汐随月相而变已是妇孺皆知。1400年后的今天，如果我们将这一问题稍作拓展，问大家："当农历十五之夜月到中天之时，我国沿海海面正处高潮，此时地球背面的美国沿海海面是高潮还是低潮呢?"……

江苏省梅村高级中学的周雪春《布置学生书写"化学作文"——化学教学实施素质教学的一种尝试》则是一篇融合化学与语文的好文章。作者认为，虽然化学是一门自然科学，但是从表现形式看，它是一种文化、一种语言、一种实践。学生在学习化学的过程中，潜移默化地形成了自己的化学观，同时萌动着化学创新的欲望。他们不满足于有现成答案的习题和考题，希望有一种自由发挥、大胆想象、显示自己的化学能力的空间，于是"化学作文"应运而生。"化学作文"可以反映出学生的化学观，可以使教师更了解学生，可以彰显学生的个性，可以提升学生的元认知能力，可以使学生萌发创新意识。[1] 这些提法能自圆其说，颇有新意。云南德宏师范高等专科学校数学系申玉红等人合写的《云南德宏傣族服饰中的数学文化》，则是融数学、美术、美学、民俗学等于一体的文章，是一种很好的校本课程开发，能够引导学生去观察、思考身边的知识与情趣。[2]

研究方法的创新也具有创新价值。现在，很多人文社会科学领域的研究者借用自然科学的方法，得到了新鲜的结论。例如，有人用统计学的方法来研究《红楼梦》后四十回与前八十回之间的异同及其承继关系，有人用信息流程来分析艺术创作本质的层次，有人用量子力学中的"测不准原理"来分析现代派作品欣赏中的心理成因等。

当然，有人利用"看不懂的文章是好文章"这种"歪论"，专写"鬼画符"的文章，说"学术黑话"，混迹于学术界，这不是今天才有的现象，古人对此已做了总结，叫"以艰深文其浅陋"。这是另外一个话题。

总之，"看不懂的文章是好文章"这种"歪论"，意在提醒教师朋友们要切实做专业化发展。

---

① 周雪春：《布置学生书写"化学作文"——化学教学实施素质教学的一种尝试》，载《化学教育》，2013年第5期。

② 申玉红、杨启祥、周长军：《云南德宏傣族服饰中的数学文化》，载《数学教育学报》，2013年第1期。

# 勤做教育叙述

自从 2012 年 12 月 8 日莫言《讲故事的人》在瑞典学院响起之后，"讲故事"在中国语境里成了一个热门词语。教育，同样需要讲故事。讲教育的故事，就是要到教育教学实践中去提取直接材料。写教育日记，做教育叙述，是积累写作素材的良方。

尼采有句名言："朴实无华的风景是为大画家存在的，而奇特罕见的风景是为小画家存在的。"我们当不了大画家，但应该追慕大画家的眼力、心力与表现力。做科任教师，可写课堂教学笔记；做班主任，可写班级成长日记；做管理人员，可记录校园里发生的一举一动。在日常教育教学工作中，我们会产生一些疑问乃至困惑，也会迸发一些思维的火花。把它们及时地记录下来，带着疑问、困惑去读书，与同事探讨，向专家请教，这些疑问乃至困惑就会慢慢地被解决，灵感也会像滚雪球一样，越滚越大，经过"十月怀胎"，一篇锦绣文章自然就"瓜熟蒂落"了。福建省漳州招商局经济技术开发区厦门大学附属中学原校长姚跃林在盘点自己 2012 年的教育叙述时说，他一年在博客上发表了 84 篇共 24 万字的文章，其题材共有八类：关于教材、课程和课堂教学研究，关于学生、家长和校园生活，关于教师人生修养，关于校园文化研究，关于教育理论、教育哲学和学校管理研究，关于教育时事评论，关于时事评论、读书方法，关于人生感悟。他说："学生、同事、家长和校园是我的写作背景和倾诉对象，博文内容一般是关于教育、教学和教师人生修养的，每一篇都有生动的写作背景，每一篇都可以给我带来欢乐的回忆。"①

　　笔者在审稿过程中，也很重视教师的教育叙述。有些文章选题比较陈旧，难见新意，但是内容很充实，有生动感人的教育教学细节，我们从中可以感受到作者对教育的敬畏之心、虔诚之情，透过纸背可以看到作者在教育实践中辛勤的身影，在用稿中我们也会酌情予以考虑。而有些文章虽然写得文采飞扬，但远离教学实际，我们也不会采用。比如，《走近社会，走进时代，是实现写作进程自动化的源泉》一文中有这样几段文字：

　　作文与社会、时代的关系十分密切，宋代诗人陆游在总结自己的创作经验时说："汝果欲学诗，工夫在诗外""纸上得来终觉浅，绝知此事要躬行"。鲁迅先生主张要进行写作必须"留心各样的事情，多看看，不看到一点就写"。叶圣陶认为："生活就如泉源，文章犹如溪水，泉源丰盛而不枯竭，溪水自然活泼泼地流个不停。"如果实现了写作的"溪流自然活泼泼地流个不停"，那么写作进程的自动化也就实现了。

　　而远离社会，疏远时代，势必导致无病呻吟之作泛滥，影响写作进程自动化的实现。巴金有着坎坷的人生经历，20世纪70年代末，他在香港《大公报》开设"随想录"专栏，提倡说真话，反思历史，反思和批判自己，这就是我们现在看到的《随想录》。冰心密切关注社会进步，自觉承担起作家的责任，"想到就写"，使文章触入社会的变革，充当评议时政的角色。孙犁继承了鲁迅的文学风格，直接参与和干预社会生活，书写时代的最强音，为新时期的文学作出重要贡献。这三位文学作家站在时代高峰上发出的声音，成为作家说真话的楷模，影响了一个正在巨变的时代。

　　中国当代大儒钱钟书到美国访问时，操着一口流利的英语，中西学问，信手拈来。有人抄了一首据说是朱熹的诗让他鉴定，他一看说不是，并且当场指出此诗初刊于哪本书；有人与他开玩笑，问美国当红影星是谁，他马上就说出了姓名，众人对他涉猎之广非常佩服。

---

① 姚跃林：《理想还在远方——我在2012年的写作与思考》，载《福建教育（中学）》，2012年第12期。

从许多老作家（如郭沫若先生、茅盾先生等）的成长过程中我们也可以看出一点，他们其实都没想去搞文学创作。可是，他们都自幼练习过写文章，到了 20 来岁的时候，他们的文章已然写得很好。此外，他们还学了外语。这样，在文艺运动到来后，他们可能会想：我心里也有许多话、许多事，为什么不写写呢？于是他们就拿起笔来，刷刷刷地那么一写，竟写出了诗、剧本或小说来。如果他们躲到象牙塔里，不走进时代、走进生活，恐怕不会有那么辉煌的成就。

总之，他们之所以有如此巨大的成就，是因为他们不远离社会，不疏远时代。他们勇敢地站在时代的风口浪尖，站在新社会的前沿阵地，积极投入新生活之中。这样，有了丰厚的积淀，他们思维的高度，就是他们写作的高度，也是他们写作进程的高度自动化。

这几段文字的论点正确，而且新颖；论据充分，有一定的可读性。但是，这里面的例子都来自文学史，看不到鲜活的教育教学实践，对丰富而复杂的现实生活视而不见，因此予以退稿。

法学界有大陆和英美两大法系，大陆法系以成文法为主，英美法系以案例法为主。一般认为，二者没有优劣之分。大陆法系以法律和法律原则为判案依据，用演绎推理的方法处理案件。而案例法就是法院遇到一个前所未有的案例时，作出判决后，其他各地、各州的法院再遇到类似案件时也要按遵循先例的原则来判，原有判例对后来判例具有示范性和参照性。最早运用案例教学法的是医学界，因为培养医生不能简单地让学生背诵理论化的条条纲纲，而要让学生亲自去收集、分析、处理各式各样的病例。20 世纪初，哈佛大学工商管理学院也引入了案例教学法，管理者和教授们意识到，一味地讲授各种各样的管理理论，学生掌握得并不牢固，也缺乏兴趣；相反，把成功的工商界人士请进课堂向学生现身说法，学生顿时兴致盎然。1921 年，律师出身的多汉姆校长进行教学改革，推动全校教师写作案例并使用到教学中。20 世纪 70 年代，西方教育界大力推行案例教学，鼓励教师关注发生在身边生动而鲜活的事例这一宝贵的资源。由此，案例逐步进入教育工作者的视野，并产生了巨大的效应。记录详细的教学案例如同典型的法律案件，具有经典性，其价值不在于是否得出正确的结论，而在于得出结论的思辨与推理的过程，因而对自己和他人今后的教学都具有启示作用。美国学者格柯说：案例之所以在教学中运用，是因为聪明不是经由别人告诉而得来的。

做教育叙述时，需要注意：（1）在一个事件后，愈早写备忘录愈好；（2）在靠记忆写备忘录前，不要和任何人讨论，因为那样做有可能影响和修改你的记忆；（3）最好是依事件发生的先后次序写记录，能完整记录很重要，日后想起任何片段，都可以把它附记于后；（4）可在活动过程中缩写符号、片言来简记一些重点，可摘要记录某一时段，有助于记忆；（5）早一点进行回忆，记忆会更清晰，愈晚开始写，需要的时间就愈长。[①]

教育叙述的价值在于丰富的细节，然而，就像人们欣赏一棵树时容易看到枝权，却常忽视了树的主干一样，教育叙述不能迷失在日常生活的细枝末节之中。观察有两种：一种是瞬间观察、短期观察，另一种是长期观察。后者尤其要引起我们的注意。做一个月、一学期的教育叙述容易，做5年、10年、20年、30年的教育叙述却不容易。如果能够坚持长期的教育叙述，通过一个较长时期的教育观察，成果必然可观。苏霍姆林斯基在《给教师的建议》中提出："我建议每一位教师都来写教育日记。教育日记并不是什么对它提出来某些格式要求的官方文献，而是一种个人的随笔记录，在日常工作中就可以记。这些记录是思考和创造的源泉。那种连续记了10年、20年甚至30年的教师日记，是一笔巨大的财富。每一位勤于思考的教师，都有他自己的体系、自己的教育学修养。如果有高超技巧的、有创造性的教师，在结束他的一生时，把自己在长年劳动和探索中所体会到的一切都带进了坟墓，那会损失多少珍贵的财富啊！我但愿把许多本教师日记搜集起来，保存在教育博物馆和科研机构里，当做无价之宝。"[②]陈进兴同志在任福建省南安市教育局局长时，接近两年的时间里就记录了两本厚厚的日记。为什么要记这些日

---

[①] 郑金洲：《教师如何做研究（第二版）》，华东师范大学出版社，2012年版，第108页。

[②] 苏霍姆林斯基：《给教师的建议（修订版 全一册）》，杜殿坤编译，教育科学出版社，1984年版，第123-124页。

记呢？他说："面对繁重的教育管理工作，面对深入推进的改革大潮，作为教育局长，我必须不断地思考，不断地提出新的思路，才能不断地指挥区域教育的深层次推进。因此，写课改日记成为我生活的重要内容，也成为伴随我思考的一个非常有效的载体。也就是在写的过程中锻炼了我的思维能力，也促进我更加迫切地读书。"福建省惠安县开成职业中专学校的兰云姬老师对此也颇有心得："若能及时把握它们，反复推敲并详细、得当地记录下来，便可以在此基础上不断改进、完善充实、推陈出新。经过日积月累，可以集腋成裘、聚沙成塔，为以后的教学提供有益的借鉴，并对课堂教学产生推波助澜的作用。"

据专家总结，教师叙事的价值有四个方面：(1) 锻炼面向日常教育生活的观察能力；(2) 洞悉个人实践知识；(3) 提高教师反思探究的能力；(4) 提升教师的教育意识。[①] 教育改革需要我们做教育叙述。我们现在正处于变革的时代，课堂教学模式也经常推陈出新。这些改革是不是成功的呢？结果都要接受实践的检验。我们正处于教育改革的关键期，你我即使不是这场革命的设计师、大导演，也是这场革命的亲历者、实验师。我们应当勤快地把实验过程的点点滴滴记录下来，为这场革命的伟大成功做力所能及的贡献。

---

① 杨小微：《教育研究的原理与方法（第二版）》，华东师范大学出版社，2010 年版，第 278–279 页。

# 新教师不要急于发表文章

据说，珍珠的形成，是因为沙砾进入了蚌壳之内，蚌感觉不舒服，于是分泌出一种物质，慢慢把沙砾包围住。天长地久，分泌物堆积起来，一颗晶莹剔透的珍珠就诞生了。这叫作结晶。

从上述过程看，结晶需要两个条件：一是受外部刺激，或者叫创伤；二是需要耐心等待。中小学教师要想写出一篇好的论文，同样需要这两个条件。在这个意义上说，笔者提倡年轻教师不要急于发表文章。

有一篇某重点中学的语文教师来稿，3000字左右，题目是《新课改背景下语文教学的传承和创新》，结构是：（1）设置悬念，引发思考，收获知识；（2）利用影音，对比联想，学有所得；（3）文本延伸，体味思考，收获共鸣。从题目与小标题看，这就是一篇拼凑起来的文章。其中第三点举例："在教学《面朝大海，春暖花开》一文时，我就结合了《好好活着就是爱》这篇文章，让学生朗读并思考海子到底是一个怎样的人。在阅读之后，学生发表了他们的见解，有的学生发出这样的疑惑：'过早地绽放，过早地凋零。海子在很多人还是懵懂于社会的时候，就已经开始感到对一切的绝望。对我们而言，无非是少了一个优秀的诗人，对他那位年迈的母亲，则是失去了一生的盼头。不知道他是被怎样的一股力量所驱使，背弃了养育他的母亲，先她一步而去。纵使世界没有那般美好，他也应该为那位该享有天伦之乐的母亲而想想。也许他是一位看透世态炎凉的诗人，也许他是一个做事冲动的孩子，但一切，都以一个悲剧的结局收尾。真不知道，他到底爱不爱他的母亲……'由此看来，学生已经开始走进作者的内心世界，而不是只停留在文本上。同时，学生也是在表达自己的心声，这就是情感的共鸣、情感的体验。"这段话里，除引用之外，作者本身的论述不多，但这不多的议论就出现了自相矛盾：学生走进的是《面朝大海，春暖花开》的作者海子的"内心世界"，还是《好好活着就是爱》这篇文章作者的"内心世界"？从学生的疑惑来看，这个学生还没有走进海子的"内心世界"，因此他才能理直气壮地对海子的自杀行为予以谴责，以传统的伦理道德义正词严地"剥夺"海子自杀的权利。由此，也可以判断这位教师没有走进海子的"内心世界"。教师尚未能比较透彻地理解文本，那么，他将如何引导学生解读文本呢？如何去建构高中生的精神世界呢？后来一打听，作者果然是一位新入职的教师。

教师的职业生涯要经历三个阶段：身份认同、专业成长和人教合一。新教师一般会面对四个方面的困难：（1）单独面对陌生的环境；（2）面对独当一面的难度；（3）面对职前教育所学与教育现实的矛盾；（4）面对其他机会的诱惑。[①] 可悲的是，有一小部分教师，一辈子也走不出第一阶段，整天自悲自叹，想着跳槽。这种人，不仅愧对"教师"这个称号，也会把自己的人生弄得一团糟。一个人在职业生涯中是否感到快乐，不是由岗位决定的，而在于他爱不爱自己的岗位。有研究发现，教师在教学生涯的 3～8 年，主要是完成教育技术的熟练和教育经验的成熟，也就是说，在这一阶段里，要实现教师的身份认同。没有及时形成自己的身份认同的人，就会陷入对自己、对工作、对环境的迷惘、困惑和无助之中；而一个从内心承认自己是一名教师的人，则会悦纳自我，觉得自己的工作适合自己，非常荣耀，充分发挥主体的能动性，将外在的、规定性的要求转化为自愿的选择，从言行举止中散发出成熟教师的魅力，友爱他人，奉献社会。

从业 10～15 年的教师，不再把教育教学活动当成简单的技术活，在有了娴熟的教育艺术技巧后，会自然而然地把教书育人当作生活的一个组成部分，不会因频繁变动的课改方案而无所适从，也不会为追逐华丽的词藻而

---

① 强海燕：《教师职前教育与持续的职后教育之间需要过渡的桥梁——香港：教师教育体系"三足鼎立"》，载《中国教育报》，2013 年 5 月 3 日。

随波逐流，而是积极主动地追求有效的专业提升和发展，建构自己的教育理念，逐渐形成自己的教育哲学观。

教师职业臻于佳境要在从业 15～20 年之后，教师对教育有了神圣感，有了情怀，教育开始成为一种天职性的实践，教师如同武林高手做到人剑合一那样，达到了人教合一的化境，因而能在一心一意、舍身忘我的境界中工作。福建省的名师陈日亮、王立根、任勇等，就是历经千锤百炼而成的"教林高手"，他们具有强烈的教师身份认同感，具有高超的教学艺术造诣和独特的教学风格，具有极强的亲附力和凝聚力，具有视教育为自己生命的责任感，他们举重若轻，游刃有余，善于发现和把握各种教育时机，能够及时有效地决断，把工作当作一种愉悦的活动，因而也就具有作为一名教师的自豪感，拥有为国家、民族的未来负责的使命感。所以，陈日亮先生能神闲气定地说："我即语文！"这就是闽派特色名师的胸怀、气量和风范！他们的教育教学个性异彩纷呈，其中至少有一款可能成为你专业引领的力量。

教学相长，教师职业内蕴着生长和解放的力量。任何一个有智慧的教师，都会深切地关注自我的成长。每一个年龄段的教师，都应该努力寻找自己的角色定位，不但做好分内事，而且能沿着自己专业成长的方向不断前进。这样就能每天坦然地面对喧哗的世界，保持一份从容与宁静，从而感受到生活的美好，蕴积着对生活的爱与柔情，怀着发自内心的欢喜，走进笑靥如花的班级里，一边含着笑，一边去营造一个温暖而充满生命情怀的课堂。

回到论文写作的话题上来，中小学教师的论文写作属于实证型，因此检验结晶显得尤为重要。北京大学刘锡庆教授说，论文选题"最重要的、最内在的依据，我以为是自己的'库存'，自己在某专业、某方面、某问题上的'特'，自己最有'心得'、最'有话可说'的那一'绝活儿'"。[①]一个教师想要成功，必须善于反思，勤于总结成功经验，更要学会反思自己的失败（或者不那么成功的事）。伤口舔久了，自然会结晶！下面是《教育要给学生留下什么》一文：

---

① 刘锡庆：《怎样写作毕业论文》，载初旭、聂德彬主编：《毕业论文写作指导》，辽宁大学出版社，1990 年版，第 4 页。

### "您这不是打击我们成绩好的人吗？"

有一年的时间了，一个女孩的声音一直在我的脑海里回响："您这不是打击我们成绩好的人吗？"她为什么这么说，事情还得从头说起——

2007年11月3日上午，《人民教育》主办的"张兴华和他的弟子们"研讨活动在江苏省南通师范第二附属小学举行。

开幕式之后我登台上课，和学生们一起认识"圆"。

由于从重庆匆忙赶来，突然发现自己忘记给学生准备课上要用的A4纸了。

我只能停下来，临时请其他老师帮我去取A4纸。

怎么打发这段时间呢？我让学生向来自全国各地的老师们介绍自己、学校和班级。

生：我们二附是一所历史悠久的百年老校，由人民教育家张謇先生所创办。

师：佩服，佩服！一般人只会介绍眼前的，你却想到了遥远的过去，想到了创办人。真佩服！

生：我们学校有漂亮的情智楼、静心楼、童话楼、科技馆、体育馆……

师：他把我们由遥远的过去又拉回眼前的现实。

生：我叫董思诚，今年11岁，生日是8月9日，星座是狮子座，天天都过得很快乐，虽然成绩不算太好。

全场大笑，台上的同学们更是笑得前仰后合，听课老师们报以热烈的掌声。

我问他："董思诚，台下的老师们为什么给你这么热烈的掌声？"

一个学生抢着说："诚实——"我说："还有吗？"另一个学生笑着说："不怕丢丑。"全场又笑了。我接过话头："董思诚，听了你的介绍，我想到爱迪生上小学时，成绩就不好；爱因斯坦上小学时，成绩也不好。"

一个女生憋不住了，不高兴地说："您这不是打击我们成绩好的人吗？"

全场再次大笑。

我笑着问那个女生："你怎么就说我打击你了呢？""您说爱迪生、爱因斯坦，这些名人成绩都不好，是不是意味着成绩好的人就没有前途呢？"

掌声更响了。

纸已经发到了学生手头，我只好收住探讨的兴致。

意犹未尽。虽然继续上课了，可是我的心里还挂念着如何回应那位女生。

课至尾声，为了解决"不用圆规怎样画一个大圆"的问题，"成绩不算太好"的董思诚说："我觉得可以先确定圆心，画一个很小的圆，然后一米一米地扩大，一直扩大到比较合适的地方，然后把它用油漆画下来就好了。"

我情不自禁地夸赞道："创造！创造！我想你将来会像爱迪生那样去创造！大家看，他多棒！华老师教书 20 多年，还没哪个孩子像他这样想到先画个小圆，然后一段一段往外扩的，真是佩服！来，给他掌声！"

全班同学善意和听课的老师们一起报以热烈的掌声。

我继续说："这让我想到一句话——'人皆可以为尧舜'，每个人都可以做得很棒。当然成绩好的，可能做得更棒！"

不少学生回头看了看那位女生。

### 教学是语言的艺术

晚上，回到北京，躺在床上，我再问自己：如果当时不"打住"，如果后面是充足的时间，我该怎么接住学生抛过来的球？台下的老师们究竟为什么给董思诚那么热烈的掌声？如果董思诚没有创造出画大圆的方法，我说不出"人皆可以为尧舜"那句话，真是课下再交流吗？交流什么？女孩为什么要质疑我？我的回答有什么不当的地方……

这么一问，我发现自己的话确实有不妥的地方。如果当时我说："成绩好固然让人阳光灿烂，但成绩不佳也不一定前景暗淡。爱迪生……"，我想那女孩是不会再质疑的。

教学是语言的艺术，那位女生是在教我这个老师怎么说话。

这或许就是施教中的反哺。不是有报纸载文称现在已到了"后喻文化"

时代了吗？现代师生关系中比以往更需提倡"教学相长"，可又更难以达到"教学相长"的境界，教师往往是这对关系中的"后进生"。文化人类学创始人泰勒、心理复演说的倡导者霍尔、儿童教育家蒙台梭利都曾在他们的著述中赞成和推崇过"儿童是成人之父"的观点。看来，我们真得向孩子学习，同孩子一同学习。

另外，"人皆可以为尧舜"，教师其实也可以是"尧舜"，但学生绝不是"臣民"。能者为师，无论是"董思诚"，还是那位女生，我们都需要平视；学生也不是教师的对手，而是和教师一起缔造课堂新生活的另一只手。

我知道了，下次一定向那些对自己说"不"的学生敬礼。我会这样对他们说："我诚恳地接受你的批评！我的意思是成绩优秀固然让人阳光灿烂，但成绩不佳并不一定前景暗淡。但我更敬佩你质疑老师的勇气！"

### 教育，该做的和能做的

事件中的"成绩好"与成才、成功的关系也引起了我的思考。既然成绩优秀的不一定能成才，成绩不佳的却也可能成才，那成才的关键是什么？

我查阅了拿破仑·希尔的《成功学全书》。希尔经过数十年的研究归纳出最有价值的、带有规律性的17条成功定律：（1）积极的心态。（2）明确的目标。（3）多走些路。（4）正确的思考方法。（5）高度的自制力。（6）培养领导才能。（7）建立自信心。（8）迷人的个性。（9）创新制胜。（10）充满热忱。（11）专心致志。（12）富有合作精神。（13）正确看待失败。（14）永葆进取心。（15）合理安排时间和金钱。（16）保持身心健康。（17）养成良好的习惯。

这17条定律涵盖了人类取得成功的所有主观因素，确实没有一条与学习成绩有关，而主要与心态、思维方式和行为习惯有关。

进一步，我们就可以理解为什么相当多成绩优秀的学生日后没有成功，而很多成绩不佳的学生日后却能够成才。因为成绩优秀的学生心态往往极度地想赢怕输，包容性差，不会合作；而相当多的成绩不佳的学生心理素质好，心态平和，能够很好地认识自己，意志坚韧，耐挫能力强。

2008 年 8 月 6 日，我打电话给千里之外的董思诚，问他在做什么。"准备去补课。""放假了，怎么还要补课呢？"他笑笑，非常开明地回答道："应该的，成绩不好嘛！"那种坦然面对、积极应对的心态，是多么的难能可贵，这不正是成功者必备的心理素质吗？当我提到他画大圆的创造性方法时，他说："这不算什么，很幼稚、奇怪的方法！"我的眼前展现出一幅画面：海滩边，一个小孩毫不犹豫地把自己垒起来的城堡一下子推倒。小孩是幸福的，我相信他会有更大的创造。

那么，"对人的成全"的教育该做的和能做的又是什么呢？

对于什么是教育，爱因斯坦的回答是："把所学的东西都忘了，剩下的就是教育。"因此，除了成绩，还应该有心态，有思维方式，有行为习惯……也就是希尔总结的 17 条吧。既然如此，作为教师的我们，在设计和实施教学时是否应该多想一想，问一问自己：教学除了知识，还能给学生留下些什么？

8 月 12 日，我再打电话给那位质疑我的女孩，我问她还记得我吗，她说记得，但具体上的什么课已经不记得了（这让我有些意外，不过才隔了 10 个月啊），她说，"那次上课，我不礼貌地突然冒出一句'您这不是打击我们成绩好的人吗？'没有举手，直接说的。"她还记得我对她说的"成绩好会更好"。

由此推之，我们的教学要成功，也得有一个"明确目标"——不光要传授知识，而且要启迪智慧，更要点化生命。

我们应该让学生尽早地认识到成绩优劣并不意味着成功，眼睛不能只盯着考试成绩。对于孩子来说，这是一种促进成长的价值引导。

继而，我又问：既然成绩优劣都能成功，那学生还要苦学干什么？

我认为，苦学是一种儿童游戏，表面上看是为了考试成绩，实质上是为了达成一个游戏目标，体味和补充人生历练，积淀为目标而不懈拼搏的精神元素。人的成长主要是精神和灵魂的发育、成熟和提升的过程，我们教师所能做的就是激扬学生的精神和灵魂。

……

感动于那个女孩的声音，感谢她的质疑！是她让我有了这番思考的乐趣。

还要感谢自己的"纠缠"，因为"纠缠"于她的质疑，让我"储蓄"了许多对我自己来说还是陌生、崭新的"发现"。①

此文作者华应龙是全国著名特级教师，他于 1984 年 7 月毕业于江苏省如皋师范学校，分配到乡村工作，先后任乡镇中心小学教导主任、中心初中副校长、乡镇教育助理等职；1995 年 11 月调至江苏省海安县实验小学任副校长。他边工作边学习，在职自学取得中文大专文凭（1989 年）、本科文凭（1994 年），后参加了硕士研究生课程进修（1997 年），2001 年参加了国家级骨干教师培训，1994 年破格晋升为南通市最年轻的小学高级教师，1998 年被评为江苏省最年轻的特级教师，2000 年被评为中学高级教师，2002 年由江苏调至北京工作，任北京第二实验小学教学处主任、党总支委员，后任副校长，系首批"首都基础教育名家"，北京师范大学、北京教育学院兼职教授，著有《我这样教数学》《我就是数学》《个性化备课经验（数学卷）》等。

这样一位德高望重的教师，对自己的一堂课、一个教学失误如此耿耿于怀，进行严格的自剖和深刻反思，真是千年"老狐"献出的"心丹"啊！这岂是年轻教师所能为？因此，年轻教师不要急于求成，要重在积累。

---

① 华应龙：《教育要给学生留下什么》，载《人民教育》，2009 年第 5 期。

Ⅲ

一

构思篇

构思在写作中是最重要的事之一。构思成熟了，下笔成文就能一气呵成；构思不成熟就急于下笔，行文难免会迟钝滞塞，即使文章勉强写出来，也难以得到认可。

　　构思属于"无中生有"，是一件煎熬的事。

# 理论与实际相结合

家家有本难念的经。写论文对某些教师而言可能是难念的"经"之一，而当编辑最难念的"经"是什么？笔者羞愧地坦白，那就是每次教师朋友问的：最近写什么题材比较容易被采用。笔者当编辑，手中握有教师朋友来稿的"生杀大权"，有时还可以对来稿大删大砍，但是，要想往文章里添一个字，那真是难上加难！笔者可以判断一篇稿子的优劣，但对具体学科当前的教学却无太大的发言权，因为笔者离开教学岗位已近 30 年。

什么样的稿子是不好的呢？笔者对此有几点看法。

有些来稿一开篇，就是某某领导怎么说，最近中央某项决定怎么说；或是教育部怎么说，新课标怎么说；要不然就是爱因斯坦怎么说，孔子怎么说……采用这种写法的作者，可能是底气不足，才会拉虎皮扯大旗。毛泽东在《反对党八股》里列出的第二大罪状"装腔作势，借以吓人"讲的就是这类人的心态。权威话语不是不能用，问题是要理解了以后用，就像糖溶于水中一样融入文中，而不是生搬硬套。

还有一种来稿爱搬弄概念，从定义写到功能、原则，像是教科书里的某一章节。教科书多为教授们所写，而且教授之间还经常互不服气，为某个概念的提法大打笔墨官司。身处基层一线的教育工作者，较少有高屋建瓴的宏观视角，何以能掺和其中呢？毛泽东在《改造我们的学习》一文中曾批判"主观主义的态度"："在这种态度下，就是抽象地无目的地去研究马克思列宁主义的理论。不是为了要解决中国革命的理论问题、策略问题而到马克思、恩格斯、列宁、斯大林那里找立场，找观点，找方法，而是为了单纯地学理论而去学理论。"这套用到今天某些教师所谓的理论学习上再恰当不过了。一些教师喜欢搬弄概念，尤其是大的概念，如素质教育、创新、教学模式等，这是一种"大概念迷恋症"，把一顶大帽子扣上去，似乎一切都给罩住了，都解决了。这就像某些教师给学生批改作文，评语总是"中心明确""论据充分""论证严密""语言流畅"等，无法对文章细腻的纹路深入剖析。尼采曾说过，命名意味着主人的权利；命名是用声音给事物打下烙印，并以此将之占为己有。大概念的使用常给批评家带来一种强烈的命名快感，在使用中体验着居高临下的逻辑主宰。[①]概念一般是相生相成的，形成了"概念群"或"概念对"，因此对概念的认识在对举中更容易获得。《道德经》曰："有无相生，难易相成，长短相较，高下相倾，音声相和，前后相随"。有了"有"才有"无"，有了"难"才有"易"，有了"长"才有"短"，有了"高"才有"下"，有了"音"才有"声"，有了"前"才有"后"，充满辩证法。笔者曾听过一个初中物理教师讲《质量》的公开课，觉得她并没有把这个概念讲清楚，仅让学生把这个概念的定义背下来，把天平的游码、标尺、托盘等死记下来，这是没有意义的，因为"质量"是与"重力"相对举的概念，不把两个概念并列一起讲，是很难让学生明白的。

毛泽东在《反对党八股》中列出的第五大罪状"甲乙丙丁，开中药铺"，在教师论文中也很常见。整篇文章内容呈并列式，而非递进式，也就是只罗列现象，没有去深究问题的根源，没有去寻求解决问题的办法。毛泽东对此做了深入的分析："这种方法就是形式主义的方法，是按照事物的外部标志来分类，不是按照事物的内部联系来分类的……这种办法，他自己是在做概念的游戏……使人不用脑筋想问题，不去思考事物的本质，而满足于甲乙丙丁的现象罗列。"文章之所以分层次、分点来论述，目的是便于读者理解和记忆；而在作者自身，应当"心中自有一盘棋"，文章的内在结构是"骨肉相

---

① 南帆：《90年代文学批评：大概念迷信》，载《天津社会科学》，1997年第5期。

连"、浑然一体的。不但要列出现象，还要做深入透彻的分析并提出解决的办法；与其堆砌一大摞，不如就其中的某一点做深入的探究。

《反对党八股》中所说的"空话连篇，言之无物""无的放矢，不看对象""语言无味，像个瘪三"等罪状在来稿中也很常见，此不赘述。至于有些文章甚至用词不当、语意不清，这是教师的语言文字基本功不过关，自不待言。凡此种种，"一方面是由于幼稚而来，另一方面也是由于责任心不足而来的"。当年，在延安"许多人写文章，做演说，可以不要预先研究，不要预先准备；文章写好之后，也不多看几遍，像洗脸之后再照照镜子一样，就马马虎虎地发表出去"。今天，某些教师一旦收到退稿，就高声叫屈："这篇文章是我花了整整一个晚上才写出来的！"

要写好论文，必须从思想上抓起，从端正态度做起，真真正正做到为探究问题而写论文，真正把理论与实际联系起来。新课程改革一再强调，这是一场没有先例的革命，既要革传统教育教学的命，又不能全盘套用西方的教育模式，而要创建出具有中国特色、中国风格、中国气派的新课程、新教材、新理念。因此，许多教育专家改变了以往埋头于图书馆、实验室做学问的方式，把自己的实验基地转到了基层学校、教室里，从实践中去验证自己的理论；而身在基础教育第一线的教师，可谓身在"宝山"，更应该大有作为。

记得1991—1993年笔者在农村中学教学生写作文时，设计了一套评分标准，拟题占几分，中心明确占几分，层次分明占几分，标点正确占几分，书写工整占几分……并让学生把这些评分标准写在每篇作文的前面，完成作文后同桌相互交换本子，互相批改。回想起来，这些做法与今日所倡导的自主学习、探究学习和合作学习的要义不谋而合。当时的实验要是时间长些，并不断完善，笔者定能以此为基础写成一篇不错的论文。

但是，单有实践摸索是不够的，毕竟效率太低，还需要与同伴切磋，向专家讨教，才能更快取得进步；此外，更便捷的办法，就是读书。读一本好书，就像与一位好友谈心，就像向一位高人请教。假如当年笔者的作文教学的做法能参考到一些先进的教学理论，那么必定会得到更好的改进，取得更好的效果。理论对实践的强大指导意义有时让人叹为观止，自然科学尤以为甚。比如，牛顿根据已有的科学原理，通过复杂的论证，推测出"地球是椭球体"，后来，果然证实了这个推测是正确的；又如爱因斯坦的相对论对原子弹发明和原子能的应用具有指导意义等。社会科学亦然，马克思主义为中国革命、建设、改革提供了强大的思想武器。当然，过于追慕理论，生搬硬套理论也不行。比如，《用蒙太奇手法解读〈花间集〉中温庭筠的词——由高中语文选修篇目〈菩萨蛮〉引申开去》一文中写道：

1. 蒙太奇的心理基础与晚唐五代文人风气和社会风俗
2. 蒙太奇的镜头组合与温庭筠的意象铺排
3. 蒙太奇突出主题的手法与温词的爱情主题的表达

其实，古诗词中运用蒙太奇手法的很多，著名的例子有马致远《天净沙·秋思》里的"枯藤老树昏鸦，小桥流水人家，古道西风瘦马"。由于没什么说头，来稿不得不大段地介绍"蒙太奇手法"，就变成了一种常识性介绍，没有了新意。

从一般的来稿看，纯理论的文章会显得枯燥，同时没有实践做验证，可信度低；而单有实践的文章，又显得浅薄，同时没有普遍的指导意义。一旦理论与实践能很好地结合，必有奇效。

新课改之后，新理念、新名词层出不穷，如 UbD、SOLO、ICAP 框架等，笔者坦承还不能透彻地理解这些。笔者目前之所以没有能力为想写论文的教师朋友出题，一方面是笔者理论水平不高，另一方面是笔者不够深入课堂教学实践。简言之，笔者的自身理论与实践的结合做得不好。不过话说回来，笔者对具体某个教师的理论储备和教学水平没有一定的了解，也是出不好题的，教师还是以"自主学习""自我探究"为好。

# 题好文一半

笔者写的退稿意见最常见的是：题目不好。而投稿人的第一反应经常是"那我把题目改一改"，或者是"请你帮我把题目改一下"。

每次看到这样的反应，笔者只有苦笑。因为这不是一两句话能说清楚的。

俗话说："题好文一半。"这里的"好"有两层意思：一是"成功"，二是"完成"。如果是前者，这句话就可以解释为"题目取好了，文章就成功一半了"；如果是后者，意思则为"题目想清楚了，文章就完成百分之五十了"。这两种解读都是正确的，只是前者适用于读者的观感，后者适用于作者的构思。

文章构思是一个很重要的阶段，写作者没构思好就贸然下笔，常常会写了个开头就颓然废笔；即使写完了，没构思好的文章，逻辑也是混乱的，让人一头雾水，更谈不上被录用了。

文章构思也是一个"痛苦"的阶段。有一个笑话：一个身怀六甲的女人看见当秀才的丈夫为写文章在屋子里徘徊、抓耳挠腮，问他为什么，丈夫指着她隆起的肚子回答：我肚子里没货，怎么生得出来！构思文章就像"十月怀胎"，有一个受孕、发育、成长、瓜熟蒂落的过程。有时候一个闪念，一篇文章很快就写出来了；有时候苦思冥想，就是下不了笔；有时候有个想法，要经过一个月、两个月甚至一整年的反复思考、观察、琢磨，才能慎重地坐到书桌前。据说歌德写《浮士德》用了60年，他年轻时就有了灵感，直到老年才全部完成。可以说，没有经过一个寝食难安的构思过程，是难以写出一篇好文章的。等到构思成熟了，文章的题目自然就清晰地出现在脑海里。

那么，怎样才能有一个好的题目呢？

首先是依靠自己。打好自己的理论功底，靠自己的事业心、责任心，靠自己平时的观察、思考，尽量把书本和现实生活结合起来。

其次是同伴互助。平时多与同事沟通、交流。子曰："三人行，必有我师焉。"不要封闭自己，要放下身段，以谦虚的态度，多听同事的课，多向同事请教，敞开自己的心灵，迎八面来风，自然收获多多。

再次是专家引领。向自己敬重的前辈、领导、专家当面请教，也可以给他们写信。现在不少学者在自己的著作里附上电子邮箱，就是希望能倾听读者的反馈，希望得到交流，觅得知音。我们不妨做一回"粉丝"，倾心倾情地去崇拜一个人。其实，做"粉丝"的人，心里都是想做"偶像"的；但是不先做"粉丝"，怎么可能成为"偶像"？历史上没有一个伟人是一步登上"神坛"成为"偶像"的。

最后是走出去。读万卷书，还要行万里路。要抓住机遇走出去，到市里、省里参加培训，到外地、外省参观学习。教育行政部门很重视教师的职后教育，因此，有心人是很容易得到这样的机会的。走出去才能开阔自己的眼界，增长自己的见识。厦门大学附属科技中学副校长、福建省杰出人民教师、特级教师钟灿富对此深有体会，他在回忆自己的成长历程、总结经验时说，自己不满足于平时的勤学苦读，抓住各种机会参加培训、拓宽眼界。于是他利用五一、十一假期以及暑假，自费去福建师范大学教育科学院修读有关高中课程改革的研究生课程，与新一轮教学改革的教育部专家组负责人、福建省的课改专家面对面交流，尽力完善自己的知识结构，使自己的教育教学能力跟上新形势的发展步伐。①

---

① 方琛：《钟情教育 学富五车——记福建省第二届杰出人民教师钟灿富》，载《福建基础教育研究》，2010 年第 4 期。

此外，还可以到教育部发布的科研规划或课题指南，以及教育期刊的征稿启事或选题要点中寻找题目。福建教育学院、福建省教育科学研究所、全国教育科学规划领导小组办公室每年都会发布科研课题，我们阅读这些课题名称，就可以大概知道当前教育科研的热点。

# 练　意

　　文章和照片一样，是一种有限的载体，要在一定的篇幅内反映某种事实，表达某种观点。因此，写作最关键的是要提炼出中心思想。写论文不同于聊天，有人见识开阔，可以天马行空地聊；写论文也不同于讲座，讲座的主讲人要有控场的能力，为了吸引听众的注意力，必须使用一定的技巧来调动听众的情绪。相比之下，文章没有那么自由，它必须从纷繁复杂的现实中提纯、提纯、再提纯，才能"在螺蛳壳里做道场"。

　　文章以练意为上，意高则文高。

　　练意的根本在于写作主体，而主体的形成在于阅历与修炼。《礼记·中庸》有云："博学之，审问之，慎思之，明辨之，笃行之。"舍此五道，别无他途。理性认识有概念、判断、推理三种形式，人们在社会实践中形成概念，作出判断，进行推理。一般认为，从概念到判断再到推理，是理性认识由低级到高级的发展。但是，在写作的立意提炼过程中，主体是站在一定的立场、利益和价值观上对客观事物进行价值判断，发现问题并提出对策的；而能够提炼出一个为学界广泛认可的新概念而不是伪概念，是学术的高境界。学术的概念、判断、推理，切忌有过于强烈的情感倾向，但是，任何论述都不可能是绝对中立的——论述都带有一定的价值取向。列宁在《黑格尔"逻辑学"一书摘要》中写道："最丰富的是最具体的和最主观的。"在这个意义上，有人提出，宁可要片面的深刻，也不要全面的正确。因此，写作者要发挥主观能动性，参与生活，搏击生活，而不是站在一旁冷漠观察。临渊羡鱼不如退而结网，练意也就是练人。

首先，"意"要鲜明。文学作品的主题要蕴藉，作者不直接把自己想表达的意思说出来，而通过人物行动和场面体现出来；文学作品的主题有时还有歧义，而且这种歧义越多，作品越具有丰富性。论文写作则不同，一般要求主题显豁，最好在题目中就能表明，不用读者费心思猜测。

其次，"意"要新颖。笔者经常收到一些稿件，觉得写得挺实在的，如如何激发学生的学习兴趣、如何有效地导入新课等，这些方法运用到教学中，效果一定很好。但是，这样的文章往往无法采用，因为属于老生常谈，没有新意。

新来自变，唯有变，才有新；墨守成规，则落入窠臼。为人要谨慎，作文须放荡。写论文也一样，写作者要进入一种状态，一种求变的心态，没有求变，就无话可说。教育教学写作，就是教师在改变原有的教学方式之后，产生了一种反思的冲动和记录的冲动。这些冲动，源于平平常常、习焉不察的日常教育教学实践，而不是倏忽间"神授"的灵感。也就是说，写作，既脱离常态又不离常态。

笔者的一个学生在农村中学任教，到福州培训期间找笔者聊天，他颇为自己的班主任工作感到自豪，其"秘诀"就是：小题大做。刚接一个班时，他就从严管理，发现哪个学生犯了错误，就"大动干戈"，把它放大，多方教育，直至学生心服口服地承认错误。他认为一开始就抓严、抓好，全班学生的行为规范就会走上正轨，以后班级建设就进入良性循环了。笔者听后，鼓励他把这些案例和经验整理下来。不过，笔者也叮嘱他要多读书、勤上网，查阅他人在这方面有哪些做法可以借鉴，特别要注意这种做法是不是会带来某些负面效应，以及如何避免这些负面效应。

再次，"意"要深刻。毛泽东说："要完全地反映整个的事物，反映事物的本质，反映事物的内部规律性，就必须经过思考作用，将丰富的感觉材料加以去粗取精、去伪存真、由此及彼、由表及里的改造制作工夫，造成概念和理论的系统，就必须从感性认识跃进到理性认识。"有些来稿，就像是给学生开讲座，说的是一些学科常识——学科常识不是不可以写，关键是文章要针对疑难点谈出新意，而不仅仅是帮学生做一个系统化的整理。教学论文，应当主要讲如何把学科知识传授给学生的方法；更深一层，应当探讨如何教书又育人。

练意是从现实生活提纯的过程，而写作则是将"意"贯彻下去的逆向过程。"意"是文章的灵魂，一旦灵魂离开肉体，肉体很快就会腐烂；"意"是使整篇文章血脉贯通的必不可少的东西；"意"如将领，一支部队失去将领，就成为毫无战斗力的游兵散勇；"意"如把珍珠串起来的线，没有这条不起眼的线，熠熠生辉的珍珠就会散落一地。这是一个"知"与"行"循环往复的过程，是一个永无止境的历程，需要我们用一辈子去践行。

# 问题意识


我们不能等评职称了才写论文。

为什么评职称需要论文？为什么越高级的职称需要越高级的论文？这就要追问：论文的本质是什么？

论文（文章）是作者思想的载体。因为要表达，想说话，想把自己的话说给更多的人听，所以才需要写论文，才需要寻找更高级的平台——期刊来发表。

一个教育工作者想说的话无非有两种：一是取得成功的经验，并且认为这种经验值得推广；二是有困惑、困难，然后试图去寻找答案。将这两方面写出来就是论文了。因此，可以说，论文的本质是一个人工作水平与工作态度的体现，即"才"与"德"的综合体现。这就是越高级的职称需要越高级的论文的缘故。中国古代一直强调"文如其人"。《易传·文言传·乾文言》曰："君子进德修业。忠信所以进德也。修辞立其诚，所以居业也。"意思是说，品德高尚的人，说出的话真诚自然，发自肺腑，充满正义，饱含感情，有实实在在的内容。清代沈德潜在《说诗晬语》中则道："有第一等襟抱，第一等学识，斯有第一等真诗。"鲁迅说："美术家固然须有精熟的技工，但尤须有进步的思想与高尚的人格。他的制作，表面上是一张画或一个彫像，其实是他的思想与人格的表现。"[①] 这句话说的是画家与画匠的区别，同样也是

---

① 鲁迅：《鲁迅全集（第二卷）》，江苏凤凰文艺出版社，2020 年版，第 25 页。

灵魂工程师与教书匠的区别。一位正高级教师、一位杰出人民教师、一位特级教师、一位名校长、一位名教师，都应该是一个学校的启明星，一个村镇的灯塔，一个县（区）里的道德标杆。这也是除业务精湛之外，教育这个行业与其他行业的精英人物的重要区别。

一个教育工作者，只要尽职尽责地投入工作，必定会找到自己的"独家秘笈"；只要倾心倾情地扑到工作岗位上，必定会遇到困难与疑惑。这一切，必定促使他开口说话——以"我手写我口"，这就是论文。

一般来说，论文就是议论文。议论文的主要结构形式是：提出问题—分析问题—解决问题。因此，论文的关键点是要有问题意识。有问题意识，说明你对教育有思考，有研究。胡适在 1960 年给台湾成功大学毕业生开了"防身三味药"，其中第一味药叫"问题丹"（第二味药叫"兴趣散"，第三味药叫"信心汤"）。他说："每个人离开学校，总得带一两个麻烦而有趣味的问题在身边作伴，这是你们入世的第一要紧的救命宝丹。""问题是一切知识学问的来源，活的学问、活的知识，都是为了解答实际上的困难，或理论上的困难而得来的。年轻入世的时候，总得有一两个不大容易解决的问题在脑子里，时时向你挑战，时时笑你不能对付他，不能奈何他，时时引诱你去想他。只要你有问题跟着你，你就不会懒惰了，你就会继续有知识上的长进了。学堂里的书，你带不走；仪器，你带不走；先生，他们不能跟你去，但是问题可以跟你走到天边！有了问题，没有书，你自会省吃省穿去买书；没有仪器，你自会卖田卖地去买仪器！没有好先生，你自会找好师友；没有资料，你自会上天入地去找资料。"[1] 带着问题意识去观察生活、去读书，你就会收集到许许多多所需要的论据，论文就会不断地丰富起来。[2] 请看例文《诵读：文言文教学的突破口》。

---

[1] 鲁民：《胡适的"三味药"》，载《深圳特区报》，2008 年 8 月 18 日。

[2] 当然，这里有个"理"与"证"的辩证关系，没处理好就可能陷入"智子疑邻"的怪圈：戴着"有色眼镜"搜集证据，结果可能是不正确的。所以，"问题意识"要防止钻牛角尖，要抓住真问题，而不是伪问题。

根据新课标要求，文言文教学首先要做到引导学生养成诵读习惯，熟读、背诵一定数量的文言文作品，积累词语，了解文字、句式，培养阅读能力，用心领悟，深层体味作品的意蕴，做到烂熟于心，出口成章。在怎样教好文言文这个问题上，我一直在探索培养学生的诵读习惯，这一传统的教法，其作用不容忽视。我认为：诵读法，可以作为文言文教学的突破口。

人们在讲话时，可以借助许多动作、手势、面部表情等帮助完成表达情意的效果，在语言本身就是抑扬顿挫、轻重急缓的语气。把语气渡到文章里，简单地说便是"文气"。"气"是文章的音节，表情达意离不开它。入选初中课本中的文言文篇幅多短小且文质兼美，特别适宜用诵读方式引入教学。训练的基本程序为：一是自由朗读，整体感知；二是垂范背诵，听读入境；三是揣摩感悟，点拨鉴赏；四是烂熟于心，涵养性情。

第一，文言文自身的音韵美、节奏美需要通过诵读体现。读时先要求看字读，句读分明，音节清楚，层次段落不乱，停顿处得体，连贯自然。体现出节奏和谐、平仄错落、句尾押韵、朗朗上口，读出韵味，达到与文中的人物动作、意境情感浑然一体。读刘禹锡的骈体文《陋室铭》中"山不在高，有仙则名；水不在深，有龙则灵""苔痕上阶绿、草色入帘青"，句式整齐而又变化有致。四字句一般为二二拍读，五字句多为二一二节拍，上下句节拍节奏一致，韵脚即"名""灵""馨""青""丁""经""形""亭"读出长音。相邻的两组骈句之间有较长的停顿，排比句节奏分明，读出气势。努力训练学生以声表情，以音达意，在琅琅的诵读声中享受到音节的美和诵读的快乐，体会文章的艺术感染力。

第二，反复诵读文言文中的佳词美句、成语、格言，做到烂熟于心，就会受益匪浅。如《论语》中的"见贤思齐焉，见不贤而内自省也""学而不厌，诲人不倦"，《孟子》中的"生于忧患而死于安乐"，总能给人更多理性的思考。在作品中，读到情调低沉的地方，学生会不禁掩卷低徊，余音袅袅；作品中情调高昂的地方，读来会不禁激昂奋发，同时还能遨游其中，乐而忘返。从琅琅读声上升到文章内容意义的层面，学生自然而然理解了文意。学生在惬意的诵读中完成了对文意的理解。

文言文字词方面的精凿，通过诵读体现。文言文的一些字词的意蕴十分丰富，很值得慢慢地细细品味。以《咏雪》为例，全文只有71个字，勾勒了疾风骤雪。"未若柳絮""撒盐空中"的精当比喻，谢安侄子侄女赋诗咏雪的情景，让我们感受到古人的雅兴、智慧、灵气，看到一幅轻松和谐、充满雅趣的古代家庭生活画面。

　　第三，通过诵读也可以细细品味文言文中的情感美、意境美。古文是古代大家精神的积淀、传统文化的精髓，读古文其实就是跟古人进行情感交流，达到与作者心灵相通的物我两忘的境界。古圣先贤的博大胸襟和非凡智慧，对我们认识当今社会、思考人生和修身养性都有无穷的启迪。全身心地投入诵读，通过声音节奏之美，身临其境，传递作品深层的美，产生心灵与文字的撞击。由声音—情感—理性思考，再穿透文学的躯壳，领会深层的意蕴。文质兼美的古文不仅朗朗上口，更成了挡不住的诱惑。我们对文章的欣赏渐趋于高潮，思想情感的共鸣与交融更加密切。孟子说："我善养吾浩然之气。"行仁讲义，至大至刚，表现于文章中自然便带有一种刚性美，气势充沛、风格雄健，我们朗读起来真是痛快淋漓。试读他的"生，亦我所欲也；义，亦我所欲也。二者不可得兼，舍生而取义者也。"真有一种喷薄而出的气概。《醉翁亭记》全文的21个"也"是本文语言的一大特点，"也""而"加强了回环咏叹的意味，大量的骈偶句强化了韵律美。我们读出"也"字的语气、语调，也就读懂了文章。在此，强调训练口头读、头脑想，训练口诵心悟的能力，交流各自的理解和对诵读的处理，诵读中入情，用心细细体悟，让深沉真挚的情感在内心燃烧，迸发出的不再是孤意单行的句子，而是欧阳修的寄情山水、旷达自适、不忘抱负、不忘责任、与民同乐。在学生们的诵读声中，欧阳修的形象开始清晰、高大。

　　古人云：读书百遍，其义自见。诵读，不仅要渗透方法的指导，还要有示范性的引导。教学中，我展示课件、放录音、示范读，学生时而倾听、时而默读、时而背诵，尽情投入；我通过激发情感，让学生有浓厚的兴趣穿越时空与古代大家进行精神的对话、沟通。我想通过诵读，给自己带来声情并茂的激情，也给听者带来美感，带来心领神会的机会，带来意想不到的快乐。希望有更多优美的文言文走进学生的心灵，有更多文质优美的作品感染学生，涵养他们的性情。这也许是语文教学的突破口。就让诵读如悠远的钟声回荡在校园里。

这篇文章的题目不错，但是在行文中并没有围绕题目来写。所谓"突破口"，就是遇到障碍，想方设法冲过去，几经周折，终于找到一个最薄弱的环节，使个四两拨千斤的巧劲，成功突围。然而，在这篇文章中，并没有看到作者提出所遇到的障碍，即问题。因为没有问题意识，所以文中的三个分论点无法沿着问题展开论述，三个分论点之间也没有形成紧密的逻辑关联，文章显得松散，中心论点不够鲜明。

写诗歌、散文、小说等文学作品时，要有饱满的情感，要放飞想象的翅膀，形成一种完整的意象、意境，然后喷薄而出。写论文的构思方式不一样，要求有困惑的问题，并尽力探寻问题的根源，找到解决的办法。总之，论文，就是要"论"起来。华东师范大学教育系终身教授陆有铨说："我看到的有些论文，发现问题、研究问题、解决问题的意识不很强烈。也就是说，看论文的人不太清楚作者'究竟想干什么'。写文章似乎不是要告诉别人你主张什么，而是告诉别人你知道些什么。这样的文章题目不应该叫'论'什么，而是要叫'关于'什么，这样的文章"可能是好的教科书，但不是好论文，甚至严格来说不是论文"。[1]

那么，到哪里去找问题呢？首先，可以从教育教学领域去发现问题，这包括教材使用、教学设计、课堂教学、学生教育和教学反思等环节。其次，可以从问题产生的方式去发现问题。可能在思维转向出问题，在视角转换出问题，在学科交叉出问题，在两相比较出问题，在专题聚焦出问题，也可能在理论运用上出问题。[2]

在构思、选题、落笔的过程中，不一定要严格遵循"提出问题—分析问题—解决问题"的思路，但是，问题意识必须始终萦绕在头脑中，贯穿全

① 陆有铨：《从学位论文看基础教育研究中的若干问题》，载《教育学报》，2008 年第 4 期。
② 李冲锋：《教学科研选题：从问题到课题》，载《当代教育科学》，2012 年第 14 期。

文，成为文中一条无形的红线。有些文章可以不要"解决问题"，因为有些问题是无法解决的。这样的文章的意义不在于"解决问题"，而在于"提出问题"。

问题意识不但是写论文的需要，也是当好一名教师的需要。有个教育理论刊物的编辑曾说："最近几年，我一直在研究特级教师这个群体，追寻特级教师的成长轨迹，探求特级教师的成长规律。我发现，几乎所有的特级教师，都是'有问题'的教师。他们目光如电，对问题非常敏感、十分热心，善于发现问题，能够在表面看上去没有问题的地方发现很重要的问题，并且善于将一个表面的问题提炼成一个深刻的科学问题。"[1]

马克思曾说："问题就是时代的口号，是它表现自己精神状态的最实际的呼声。"[2]这是笔者看到的对"问题意识"认识的最高维度。从大的方面看，政治家要善于向民众提问题；从小的方面看，问题意识反映了一个人思维的独立性和创造性，因此瓦特发现了茶壶盖为什么往上跳，牛顿发现了苹果为什么往下掉。没有问题意识的教师，就是精神萎靡的教师，就是"当一天和尚敲一天钟"、浑浑噩噩过日子的教师。具备问题意识的教师，会产生一种怀疑、困惑、焦虑、探索的心理状态，这是一种积极思索、想弄清楚问题的积极态度。这种心理倾向驱使教师不断进行教学反思，打破原有的思维模式和狭隘的教育经验，持续深入探究，直至走向学术研究的前沿。每成功地解决一个问题，思维水平就得到一次提升；问题解决多了，创新的信心、意识、能力和精神就会得到明显的提升。总之，只有具备问题意识的教师，才是思想犀利的教师，才具备成为教育家的潜质，才有可能培养出具有质疑能力的学生，培养出具有创新能力的学生。

只有热爱生活、关注生活、思索生活的人，其问题意识才会如汩汩泉水源源不断。世界是一个由"提出问题—尝试解决问题—生成新问题——解决新问题"组成的循环赛道，你入轨了吗？

---

① 金边：《做一个"有问题"的教师》，载《中国教育报》，2006年4月4日。
② 中共中央马克思恩格斯列宁斯大林著作编译局：《马克思恩格斯全集（第40卷）》，人民出版社，1982年版，第289-290页。

# 小切口，深挖掘

　　现代医学发展神速，比如微创手术就是借助一些现代医疗器械及设备而进行的手术，它具有创口小、疼痛轻、恢复快等优点。中小学教师写论文，也应当向医学界学习，现代化起来。有个学者曾举了一个典型的例子，2002年底，他和一位在英国伦敦南岸大学教育系攻读博士学位的女教师交流，询问她伦敦南岸大学的学者主要做一些什么样的课题，这位教师回答："他们很注重研究'一元一次方程怎么教'这样的问题。"[①]这很值得我们反思与借鉴。

　　现在不少教师受灌输式僵化教育的影响太深，遇到考试或测试，习惯突击背一背来过关，平时阅读面又狭窄，当提笔写论文时，就会想起背过的那些教科书中的条条纲纲，由此仿着写。北京大学陈平原教授说："很多人不会写论文的原因，是误把教科书当论文写作的范本。教科书的特点是一、二、三平行罗列，而研究著作的特点是向前推进。起码就表面特征而言，一个是横的，一个是竖的。比如，告诉你杜甫诗有四个特点，一、二、三、四，中国农民战争有五大特征，一、二、三、四、五，这是平面罗列，不必深入研究，这是教科书。论文是找到一个问题，一步步往前推进，最后逼出令人信服的结论来。"[②]

　　一般来说，中小学教育教学论文都是小论文，5000来字，很少有上万

---

① 陈大伟:《教育科研与教师成长》，华东师范大学出版社，2009 年版，第 124 页。
② 祝晓风、张涛:《博士论文只是一张入场券——陈平原谈博士论文写作》，载《中华读书报》，2003 年 3 月 5 日。

字的。这样的论文放到学术界的大背景下，与博士论文、硕士论文、专著相比，从体量上说自然是小论文。奋战在教学一线的中小学教师，他们的论文一般不可能长篇大论，这是由他们的职业特点决定的。大论文需要较长的时间、较多的经费，甚至一个群体来支撑，其开题报告必须经过严密的论证，之后才能开始研究工作，以免浪费人力、物力；而小论文就像小船，好调头，写好它最大的诀窍是小切口、深挖掘。

宋代曾公亮诗云："要看银山拍天浪，开窗放入大江来。"窗子是小巧精致的，可是它前面却有较大的"景深"、丰富的内涵。有些教师不懂这个道理，往往习惯拟一个很大的题目。这是因为他们不了解研究的本质与解决问题所需要的系统活动，或者想立刻解决重要的问题——这种想法无疑过于天真。比如创新意识与能力的培养、师资队伍建设等问题，它们有些是历史积淀下来的"旧账"，有些是需要顶层设计的浩大工程。"较富有研究经验者了解，研究常是一件沉闷的费力的工作，但却无法速成，也无法见到惊人的成果"。[①]

以小的篇幅做大题目的文章，无法做扎实，易于空泛而言之无物，抓不到痛痒之处。中小学教师的论文应从自己的教学实践出发，找一些小的，或者比较适中的题目来写。其实，不止中小学教师论文要切口小，大学教授在带研究生时也是这样要求学生的。陆有铨教授说："论文的写作最好是小题大做，也只有这样，你对问题研究的深度才能提高。什么叫专家？专家就是对一个越来越小的范围，研究得越来越深的人。真正好的论文，往往对自己论述的问题非常明确、具体，而且对这个问题的方方面面都论证得很清楚。"[②]

论题宽泛无边是初学写论文的人最常犯的毛病，如"试论中国的素质教育""新课标下的语文创新教育""如何激发学生学习兴趣""如何提高中职政治经济学课堂教学质量""语文教什么，怎么教？""初中语文教学的'点滴'付出""中学作文教学的现状与对策浅议""谈提高语文课堂教学有效

---

① 王文科、王智弘：《教育研究法（第十三版）》，五南图书出版股份有限公司，2009年版，第41页。
② 陆有铨：《从学位论文看基础教育研究中的若干问题》，载《教育学报》，2008年第4期。

性""瓜熟蒂落水到渠成——初中语文教学点滴谈""小学作文教学点滴体会""复习语文谈点方法""优化课堂教学模式提高语文教学实效""高中语文必修课的考试与教学"等，题目过于宽泛，会让人失去阅读的兴趣。有些题目把两个内容嫁接在一起，乍一看似乎相对细一些，但稍一琢磨，还是太粗。比如"谈语文教学渗透心理健康教育的方法""信息技术与语文教学整合探析""文本解读与有效教学的几点思考"等，因为作者想要连接的两个内容本身都很大。有些作者会把两个毫不相干的事物放在一起，如"跳蚤实验与语文学习"等。事物是普遍联系的，但不等于说世界上任何两个事物都是相互联系的，这不仅取决于人的主观能动性，更取决于事物之间是否存在内在的、本质的、必然的联系，倘若没有这种联系，就不能滥发主观能动性，硬把它们捆绑起来。

再如，"新课改下古文也可以这样教""一样为情落水，全然不同之爱——刘兰芝与杜十娘爱情观之比较""祥林嫂的希望是那样的短暂和渺茫""例谈高中语文有效课堂教学""挖掘生活素材激起写作浪花""浅谈文本解读的一点心得""高考语文命题应这样突出地方特色"等，这些题目也不好，因为从题目中看不出作者想表达什么。一般来说，议论文的题目一种是表明论述的范围、对象，一种是鲜明地亮出作者的论点。题目是文章的眼睛，眼睛要明亮、清澈，才具有勾魂摄魄的魅力。因此，题目必须经过提炼，将文章中最精华之所在表现出来。此外，题目最好能体现学科特色，让人一看就知道它属于哪个学科。如果题目比较难做到，可以加个副标题补充说明，加以明确。

下面是《教学反思：教师专业成长的翅膀》一文：

在波澜壮阔的教学改革中，新课程理念为我们建构了一个全新的语文教学模式。这个教学模式首先要求教师应该是教育教学的研究者。而要成为研究型的教师，就必须要学会反思。正如我国心理学家林崇德教授所提出的优秀教师成功之路与美国心理学家波斯纳曾经设想的教师成长模式异曲同工，前者是"优秀教师＝教学过程＋反思"，后者是"教师成长＝经验＋反思"。

对于语文教师的专业成长而言，教学反思不啻是教学长空抟翼时的翅膀。只有认真地把握语文教学反思的内涵、内容、方法等理论问题，才能在语文教学实践中，有效地不断提高反思能力，更新教学理念，改善教学行为，提升教学水平，促进教学经验理论化，提高语文教学质量，使教师逐渐养成对教学现象、教学问题独立思考和产生创造性见解的能力，实现教学行为的根本性变革，为新课程改革增添活力。

### 反思的内涵

所谓反思，乃反省也。就其本质而言，它是一种批判性的思维，是总结过去获取经验，通过多个角度来反观自己、洞察本质、审时度势、明白事理。这也是"反思"与"思考"的主要区别。我们接受自己和容纳别人就是学会反思的一种具体表现。反躬自问者皆为明白之人，三思而行皆不失为上善之策。唯能反思者，方有直面人生社会之勇气、进退自如之策略、做人豁达之气度、事业可靠之同盟军。早在2500多年前，孔子就提出"见贤思齐焉，见不贤而内自省也"。孟子也一再强调"反求诸己"。而今，将反思用于教学，则成为一种明确教育方向，科学而理性地设计并实施教学，提高自身业务水平，改进、总结、提炼、升华教学实践的学习方式。简言之，就是"教中学，学中教"。这种对教学反思的理解完全来源于哲学的思维方式，其内涵在于教师自觉地以自己的教学实践为认识对象，对其教学的观念、过程和结果进行全面审视、总结。由此可见，教学反思，是教师发展的重要基础，是教师专业成长的翅膀，是教师走向人类灵魂工程师的桥梁。

……

这是一篇语文学科的来稿，可是从文章的题目和开头看，读者并没有看到多少关于语文教学的论述。这就像吃一个皮很厚的肉包子，咬了半天还看不见馅。

对这类从题目上看写得就不好的文章，编辑负责任的做法是尽力挖掘出其中的闪光点，然后鼓励作者沿着这个闪光点深入进去，再展开说。如果作者具有锲而不舍的研究精神，肯配合，来回修改，抓些"药方"回去（即开一些书目回去研读），一篇像样的文章是可以写出来的。但遗憾的是，现在很少有作者能熬过第三回修改，大多在前两回就打退堂鼓，放弃了。

"小切口"并不等同于小文章，它的后面还有三个字——"深挖掘"。下面以笔者自身为例进行说明。福建省第四届期刊科研论文征文的主题是"数字出版"，"数字出版"在当时是出版行业的大趋势、出版界的热门话题，但笔者所在的期刊《福建基础教育研究》只是一本小刊物，人力、物力都不足，便很少涉足这个大浪潮，更谈不上通过数字出版来盈利了。但为了与时代接轨，我们还是把一个简单的网站挂靠在主办单位福建教育学院的官方网站及其下属的福建基础教育网上；另外，我们在杂志上也公布了投稿邮箱，并在邮箱上设置了自动回复功能。后来，经过苦思，笔者决定从自动回复邮箱入手，调查学术期刊对数字出版的态度与对策。于是笔者从图书馆里找来近百本全国各地的学术期刊，逐一寻找它们的邮箱，发现：截至笔者查阅时间为止，有少数刊物尚未公布电子邮箱；公布邮箱的，笔者逐一发了一个空文档过去，表示投稿，于是有了各种各样的"反馈"。笔者把这些反馈回来的信息和部分自动回复的邮件进行整理、分析，并参阅相关研究资料，终于写成一篇论文《从自动回复邮件透视学术期刊应对数字出版的心态与对策》。这篇文章获得了当年福建省期刊出版理论研讨会优秀论文一等奖，并发表在核心期刊《编辑之友》2011年第4期上。这就是"窥斑见豹"，从不起眼的自动回复邮件来探测、检验中国学术期刊界对数字出版的态度，以及大家所采取的对策。

小切口，通向的是大问题，是热点，是前沿。《福建基础教育研究》近年被中国人民大学书报资料中心基础教育系列期刊全文转载的文章有几十篇，这些文章在这方面就做得比较好，例如：

1. 潘书朋、汤金波：《基于课程标准的跨学科主题学习设计与评价研究》。

2. 唐玖江、阳利平：《微型小说写作的理念、价值与教学策略》。

3. 纪荣海：《信息类阅读测试的目标要求、阅读难点及思维训练对策》。

4. 游艳:《批判性思维与读后续写的互动影响探究》。

5. 林圣腾:《"13-14-30"高中太极拳教学模式实践探索》。

6. 张飞:《批判性思维:通向物理科学思维的必然路径》。

7. 任佳儿:《小学音乐多元编创活动教学策略研究》。

8. 陈思秋:《基于学科能力表现的高中英语听说教学探究》。

9. 张鹄、戈海艳:《运用"新思维具象法"促进高中物理"深度学习"》。

10. 黄银色:《初中数学"隐含条件易错题"的设计和思考》。

11. 陈成龙:《躬身细读　金针度人——孙绍振教我深耕文本解读》。

12. 石修银:《说理原点:逻辑思维之清晰特质》。

13. 钱向:《问题导向式高中体育教学的校本实践》。

14. 唐丽芳:《"读—思—言"模式下初中英语阅读教学评一体化探究》。

15. 谢科明:《从大历史观的追问中厚植政治认同》。

16. 蒋淑琴:《基于师幼互动的幼儿园劳动教育过程实践探索》。

17. 曾艺雄:《核心素养背景下道德与法治课批判性思维培养策略》。

18. 周远坤、林剑峰、陈芳、张健敏:《基于情境类型学的高考物理试题情境化特征研究——以2023年五套高考物理试题为例》。

19. 周志平:《新课标下科研促"教"的困难、内在逻辑与实践例析》。

20. 苏小龙:《核心素养视域下小学生推理意识的培养策略》。

# 求异思维

来稿题目中含有"创新"字样的文章，笔者都持有一种分外警惕的态度。因为创新是一个系统工程，某个教师、某个学校很难通过自身努力就能达成。

实际上，可以把"创新"这个词做降格处理——"质疑"。如果在课堂上不仅能够真正灌输知识，而且能充满智慧地、耐心地撩拨起学生的质疑能力，激发、培养学生的质疑能力，笔者肯定会对这样的老师充满敬意。因为这样慢慢地积累下来，学生的创新意识和能力得到了培养，主体意识也会慢慢建构起来。

人们自觉或不自觉地习惯于"走老路"，因为人的思想、思维受制于习惯，旧的观点、观念、规范，经过多次反复后，就凝固为某种思想，渗透到人们的言行之中，制约着思维。尤其是某些成功的经验，总是在人的思想和行动中表现出极大的重复性，导致思想的封闭和僵化。人类的发展史就是一部不断质疑，不断挑战权威，清除思想河床上的淤泥，开启新思维的闸门，从而不断建立起新范式、新权威的历史。没有质疑的能力，就没有挑战的勇气。比如，教育史就是一部不断质疑、挑战、发展的历史。中华人民共和国成立初期，中小学常用的教学原则体系，是在苏联凯洛夫教育学的原则体系基础上发展起来的，其中包含了直观性原则、启发性原则、系统性原则、巩固性原则和量力性原则等。而苏联的另一个心理学家、教育家赞科夫，从

1957 年起在小学进行了近 20 年的实验，取得了显著的成果，对以凯洛夫为代表的传统教学论进行激烈的批判，另起炉灶，提出了新的五条教学原则：高难度原则、高速度原则、理论知识起主导作用的原则、使学生理解学习过程的原则和使所有学生包括差生都得到一般发展的原则。[①] 而从个人的成长史来考察，亦是如此。每个心理健康的成年人，都曾经历过叛逆的青春期。而叛逆，就是对权威和秩序的反抗。在反抗中，一方面，人们能深切地感受到权威和秩序的难以侵犯；另一方面，个体的力量也在这一过程中拔节成长。

质疑能力的核心，是求异思维。求异思维亦称发散性思维或开放式思维。处在这种思维模式中，思维在一段时间内可以朝多个方向去探索解决问题的方法、途径和答案。美国心理学家吉尔福特等人认为，发散性思维几乎可以与创新思维并称，因为只有在发散性思维的条件下，人们才能冲破内部的心理定势和外部的条件束缚，从而进行创造性活动。

中国传统文化是不利于求异思维发展的，它讲究"正统"，反对异端。比如，《三国演义》里，刘备尽管才能平平却因为秉持"正统"而受到拥戴，曹操尽管功勋卓著却被视为"异端"而背负了千古骂名。"天地君亲师"，长幼秩序等种种秩序早已安排好，难以改变。古希腊哲学家亚里士多德直言：吾爱吾师，但吾更爱真理。在西方的文化史上，师生因见解不一而反目成仇，衍生出新的学派的现象比比皆是，这在中国的文化语境里行不通。"一日为师，终身为父"，师之道，要终生躬行如也。

在这种文化熏陶之下，培养求异思维和质疑能力倍加艰难，创新能力就更难以谈起了。要培养学生的求异思维，教师首先要有求异思维，要有敢做"异端"的勇气。而要做"异端"，就必须有"天真"，要敢于打破世俗的成见和内心深处的种种教条，敢于异想天开。偈曰："身是菩提树，心如明镜台。时时勤拂拭，勿使惹尘埃。"由于受到世俗的影响，成年人容易失去本真，因此必须"一日三省吾身"，反躬自问，才能有清新脱俗的面目。作为

---

① 劳凯声：《教育学》，南开大学出版社，2001 年版，第 266—275 页。

教师，必须转变角色，从权威的神坛上走下来，平等地参与到学生的探究性学习活动中，才有可能与学生共发展。

有了求异的意识，才能对身边习焉不察的事物进行反思，找出其中的不合理因素，这就是创新的因子了。比如，针对"班门弄斧"这个成语所带有的嘲讽色彩，有人提出"弄斧就是要到班门"，因为只有有勇气在高手面前展现自己，才可能得到更有价值的批评和指点；"南辕北辙"原指行动与目的相反，可是有人认为这是古人缺乏现代地理常识，不懂得世界不是平面而是个球体才臆造出来的成语；有人认为"逆来顺受"不是低声下气地毫不反抗，而是具有极强的自信心，如同打太极拳，切忌硬碰硬地直接对抗，而要善于借力，包容异己，融化异己；针对"开卷有益"这个成语的褒义色彩，有人提出"开卷未必有益"，因为有些不法商人通过盗版，将不合规的出版物带入市场；针对"眼高手低"的讥讽，有人提出"眼高手低是正常现象，唯有眼高了手才可能高"；其余还有"近墨者黑""知足常乐""玩物丧志""不求甚解"等都可以拿来思辨。自清末废除八股取士以来，八股文背负着中国现代化绊脚石的恶名，可是改革开放以后，启功先生却写了一篇《说八股》，来论证八股文在作文中的积极作用和合理存在①。有个故事说，苏东坡有一次出游，到一座寺庙里，方丈先是冷冷地说了声"坐"，对小和尚说"茶"；后来通过交谈，看到对方谈吐不俗，就客气地说"请坐"，交代小和尚"上茶"；最后知道来客是大名鼎鼎的苏轼，连忙说"请上坐"，吩咐小和尚"上香茶"。苏东坡临走留下一副对联："坐，请坐，请上坐；茶，上茶，上香茶。"一般人都认为这是对方丈的莫大讽刺，有人却说，这是方丈落实知识分子的策略，因为方丈发现来者有知识、有水平，才不断提高其待遇。这些论调并非刻意搞怪，而是运用审辩思维去深入探索事物的发展规律。

在教育领域，在传统的班集体建设中，一般的教育理论倡导我们要在班级中营造正确的舆论导向，树立正气，这样才能引导整个班集体团结协作。但是，许多美国学者认为，美国教育的同化目标被过分强调了，现在需要保

---

① 启功:《说八股》，载《北京师范大学学报（社会科学版）》，1991年第3期。

护文化的多样性，"不应把文化少数派成员看作'问题'，美国应该尝试更加强有力地保护自己的亚文化"①。这种亚文化一方面在一定程度上破坏了个体与群体组织的功能，另一方面却可以使班级对外持一种开放的态势，以吸收外部积极的、有利的因素，使得班级这个系统内部的各个因素得到发展。

《福建教育》在2013年第4期"中学版"上发布的选题计划"警惕身边的教育口号"，倡导的就是一种求异思维。它要求写作者要对身边习以为常的教育口号进行反思，从新的现实条件出发，重新思考其合理性，提出质疑，目的在于推动教育的再出发、再发展。由苏联教育家加里宁提出的"教师是人类灵魂的工程师"在今天就受到质疑。人们追问：教师是人类灵魂的工程师，那么，教师灵魂的工程师又是谁呢？教育可以像工程一样，可以事先规划蓝图，被操纵、计划和规范吗？学校就像工厂一样，像购买原材料一样招收学生，然后像流水线作业一样生产出学生吗？在现代教育理念下，教师应弱化自己所谓的"大我"的工具性地位，确立以师生对话为基础的"小我"的审美生存形象，应与学生一起创造自由、自主的人生。教师的精神家园存在于与学生一起探讨知识的课程之中，或者说，教师应在课程中构筑自己的精神家园与生活方式，而不是在所谓的教育规划中充任学生灵魂的工程师。②

福建省杰出人民教师、特级教师陈成龙也发现一个例子：有个语文老师在解读《琵琶行》时，认为小序中说琵琶女"年长色衰，委身为贾人妇"，诗中写"商人重利轻离别，前月浮梁买茶去"，都体现了诗人对商人的鄙夷态度，这是因为中国传统文化一直轻视商业，在这种社会氛围下，商人的日子是很艰难的。在《琵琶行》中，我们看到的就是一个奔波忙碌的商人，他把精力全投到生意上，但并没有得到诗人的同情。琵琶女在年老色衰之时被商人赎身，过上一种安逸的生活；在丈夫离家之后，不是为丈夫的生意与命运担忧，而是借弹琵琶怀念自己过去醉生梦死的生活。品味琵琶女自述的语气，掩不住以那段生活为豪的心态，由此可见，琵琶女的人生观与价值观已

① 戴维·波普诺：《社会学（第十版）》，李强等译，中国人民大学出版社，1999年版，第421页。
② 熊和平：《教师与灵魂——兼对"教师是人类灵魂的工程师"的质疑》，载《教育理论与实践》，2006年第8期。

被扭曲了。①这种解读，虽然偏离了诗性的审美教育，但是另辟蹊径，却也能自圆其说，别开生面。

　　虽然求异思维是创新的内核，但是求异思维并不等于创新，离创新尚有不小的距离，因为求异思维并不能独自完成创造性思维和活动的全过程。过分强调求异思维，可能导致过分的质疑，处处解构，却无法承担建构的重任。有一个物理学家叫埃伦费斯特，他具有非凡的评价和判断能力，一些伟大的物理学家常常乐意询问他的意见，他还常常应邀参加科学会议。他经常批评他人，也经常批评自己，这种过分的自我质疑，扼杀了这位才华出众的科学家的创造能力，结果是自己的思想产物尚未问世，就因过分的挑剔胎死腹中了。埃伦费斯特最后因厌世而自杀。有些青年教师为了"脱颖而出"喜欢剑走偏锋，有人甚至说"没有偏见的思想，哪能称之为思想"，因此意气用事甚至逞强斗狠。武汉市的一位老师曾给他的学生出了道作文题《狗杂种，考试》，江苏的冯卫东老师认为他过于偏激：其一，考试有弊端，但"弊"的后面也有"利"；其二，即便有怨气，还是应该以较为理性的态度去看待它、平息它、理顺它；其三，不能强把己见当人见，以不容置疑、定于一尊的威严要求学生跟自己发出同一种声音，这不利于培养中学生的辩证思维。②生活中我们也会看到，某些人由于强求与众不同，时时处处想出"新"，只注重单方面的突破，缺乏全面看待问题的整体观，就不可能找到问题的实质，也不可能合乎逻辑地找到问题的最佳答案，其结果就可能被人称为"怪人"。更有甚者，由于求异思维带有突破规范的强烈态势，可能滑向犯罪。

　　如前所述，创造性是一种综合的心理品质，其影响因素除求异思维的智力因素之外，尚有人格因素、环境因素、动机因素和认知因素、情感因素等。诸种因素联合作用，才能有创造性事物和人物涌现。一个人过于强调其中的某种因素，可能就会偏离真理。

---

①　陈成龙：《创造性语文教育》，中国戏剧出版社，2006 年版，第 175-176 页。
②　冯卫东：《警惕另一种"话语霸权"》，载《教师之友》，2002 年第 10 期。

# 求同思维

"因为爱着你的爱，因为梦着你的梦，所以悲伤着你的悲伤，幸福着你的幸福。因为路过你的路，因为苦过你的苦，所以快乐着你的快乐，追逐着你的追逐……"苏芮的这首《牵手》的中心思想是"永结同心"，这实际上是一种带有强烈感情色彩的求同思维。与求异思维相反，求同思维是根据给定的信息和条件，沿着传统的逻辑，朝归一或单一的方向推演，最终找到一种合意的答案，亦称辐合思维、封闭思维。与求异思维享有盛誉相反，求同思维受到更多的指责：这是力求向已有的结论、规范认同的一种思维方式或思维习惯，要求人们信于一统、定于一尊，强调一元，使人们自觉或不自觉地排斥一切合理的疑心、疑虑，从而导致轻信，放弃独立思考、独立判断，逐渐陷于僵化、简单化、趋同化，丧失自尊、自信，形成了唯书、唯上的驯服心理和盲从心态，久而久之，创造性思维的源泉必然随之枯竭。更有论者认为，中国传统文化的最大弊端就是建立在大一统基础上的求同思维，正是这种思维方式钳制了中国科学技术的发展和社会的改革和进步。这些论点都自有其道理所在。但是，在实际思维过程中，求同思维与求异思维是结合在一起、相辅相成的，二者不可偏废。在这里，笔者试图反弹琵琶：利用求同思维，关注刊物的关注点，与刊物的目光保持一致，这是寻找选题的捷径之一。

首先，关注报纸、电视等主流媒体的声音。我国的报纸和电视是党、政府和人民的喉舌，因此要经常看电视节目，尤其是《新闻联播》，关心国家大事和新出台的教育政策。众所周知，我国的新闻出版实行的是审批制，由国家统一管理，因此，学术期刊必须与国家的主流声音保持一致。虽然学术期刊的话语系统与时政类媒体的话语系统不一样，显得更开放、更前沿、更有探索性，但两者仍是相通的。因此，主流媒体的信息应成为我们寻找论文选题的来源之一。比如，2012年11月29日，习近平总书记带领新一届中央政治局常委在北京参观《复兴之路》展览时提出了"中国梦"。随后，各大媒体纷纷推出专栏，如《中国青年报》设立了"梦之策"专刊，《中国教育报》等多家报刊联合推出"中国梦·教育梦"大型征文活动。

2013年1月18日，教育部印发了《中小学书法教育指导纲要》的通知，2013年4月3日福建省教育厅转发相关通知，4月7日福建省教育厅发布了"今年起辖区内所有中小学全面开设书法教育课"的通知，4月27日福建省中小学书法教育工作会议在三明市宁化县召开……一系列关于书法教育的行政措施紧锣密鼓地铺展开来。书法教育之所以被提到如此重要的地位上来，其深远的背景是，经过40多年的改革开放，中国的经济总量已跃居世界第二位，因此中国政府下定决心要建立与经济大国形象相符合的文化大国形象。撒切尔夫人曾说，一个只能出口电视机而不是思想观念的国家，成不了世界大国。这话曾深深地刺痛国人的心。今天的中国有信心、有能力、有实力来回应这句话，捍卫中华民族的价值观，并力图用博大精深的中华文化去影响世界。而汉字和以汉字为载体的中国书法是中华民族的文化瑰宝，是人类文明的宝贵财富。书法教育对培养学生的书写能力、审美能力和文化品质具有重要作用。为此，各级教育行政部门大力推行书法教育。可是，这样一件大事，中小学教师关注的并不多。在公共邮箱里，笔者仅检索到《书法教育培育学生审美的艺术品质》《设置书法课是教育的现实使命》《中小学生必须要重视写字》《书法进课堂之我见》这四篇文章。这些文章都是短文，写得像报纸的社论，没有具体的实践成效、思考与困惑，根本无法采用。

再以笔者为例。2012年7月30日，国家新闻出版总署发布了《关于报刊编辑部体制改革的实施办法》，在学术期刊界引起巨大反响，占学术期刊半壁江山以上的高校学报从业人员，更是人心惶惶，因为他们长期由主办单位拨款办刊，从未试水市场，还有人为此而紧急转岗到教学单位。笔者预判，相关期刊肯定需要持支持态度的文章，以营造良好的舆论氛围。为此，笔者写了一篇文章《转企改制背景下学术期刊编辑的抉择》，很快就刊登出来了。

值得提醒的是，写这类文章要有时间意识，不能迟疑，稍晚一步就可能被别人捷足先登。此时如果能事先打电话与编辑协商，可能命中率会更高一些。

其次，要研究期刊刊登的文章，为刊物增光。第一种是研究刊物中的单篇文章，发现问题，然后写文章与之商榷。学术期刊是"阳春白雪"，读者面一般不广，办刊人经常曲高和寡，很寂寞。如果有人能给这寂静的池塘丢一片石瓦，荡起一圈圈涟漪，必定会给办刊人带来一阵欣喜，文章很可能优先得到发表。第二种是综述类，可以针对该杂志全年发表的文章，从某个角度切入，做一个总评，如《数学教育学报》2013年第1期就发表了西北师范大学教育学院张定强、陈国蕹合写的《〈数学教育学报〉内涵新解析》。也可以以5～10年为跨度，找一个小的角度，如写作教学或阅读教学，看看这些年来的教改热点是什么，改革发生了哪些变化，还存在哪些不足。当然，此时不能就一本杂志来谈问题，而要有一个较为宏大的视野：教育行政部门出台了哪些文件，相关学校进行了哪些实验，重点报刊做了哪些报道，发表了什么科研成果等。把一本刊物的某个专题文章放在这样的大背景下来讨论，只要言之有物，必定能赢得编辑的青睐。比如，《历史教学（中学版）》2013年第3期就发表了扬州大学附属中学东部分校鲁东海的《从教案到教学设计：中学历史备课的趋向探析》。

再次，关注刊物的组稿计划。有些刊物会发表年度组稿计划，如《教学与管理》2024年选题计划——（1）基础教育理论与政策：基础教育相关理论研究，中国式教育现代化的基础教育理论与实践，教育家精神的时代内涵与传承，教育强国建设理论与实践，高质量基础教育体系的微观系统建设，教育治理体系和治理能力的现代化，基础教育阶段拔尖创新人才的鉴别与培养，教育智能化、教育数字化资源建设，基础教育督导与监测机制的改革与完善，基础教育教研管理机制的创新，教育法制的完善与实施。（2）学校高质量发展理论与实践：区域教育与集团化办学的实践创新，《校外培训行政处罚暂行办法》的落实与完善，中小学校党组织领导的校长负责制之实践，普通高中特色、多样化发展，学校治理现代化探索，校园安全问题研究，陶行知教育思想的创新实践，"双减"政策常态化落实中的多元协同策略，"三种文化"的传承与创新实践，学校课后服务的多样化创新，艺术素养、学科核心素养的落实与测评，劳动教育的课程化创新实践，国家、地方、校本课程一体化实施，数字化课程的开发、实施与评价，跨学科教学与课程整合，课堂教学、实验教学的改革创新，落实新课标的课程教学与评价，新课标教材的研制与使用，教材分析与创新使用，学校教学与学业评价改革、中、高考及其配套改革与评价的探索。（3）教师发展与学生成长：教师编制与教师补充机制，教师减负与教师激励机制，教育惩戒与师生权益的维护，教师专业发展，中小学名师、名校长培养，教师流动相关问题，师生心理健康教育实践创新，学生网格保护与健康成长，学生生涯教育创新。（4）国外教育经验分享与借鉴：国外教育教学成果的分析与借鉴。如果有学术上的积累、思考与雄心，可以在这些主题上做文章。

必须注意的是，读刊物不是模仿刊物。文章切忌随人后，看到别人写什么文章，自己也想写什么文章，那就晚了。

据说，善于应试的人，其诀窍不在于记忆力超人，而在于擅长揣摩出别人的心理，根据他们的年龄、性别、籍贯、受教育背景、兴趣爱好等，猜测他们会出一些什么样的题目，然后早做准备，自然旗开得胜。善于写小说的人也一样，他们会"贴"着人物写，把自己变成作品中的主人公。如福楼拜把自己想象成包法利夫人，女主人公服毒自杀，作者也倒在地上口吐白沫打滚；托尔斯泰写安娜·卡列妮娜卧轨自杀，自己也热泪翻滚；而顶尖的推销员能设身处地地为顾客着想，掌握顾客的真正需求，顾客自然会心甘情愿地购买。同样道理，善于投稿的人，会考虑该杂志近期急需什么文章，然后再下笔。

或许有人要说笔者这是教人钻营，但扬州市特级教师鲁东海曾说："与其通过各种人情关系找编辑打招呼，不如在精神上与杂志形成和谐共振的状态。"[1] 尚未成名的作者（更不必说那些为评职称而急于发表文章的人了），不能仅凭自己的兴趣，任性地写下去，毕竟产销要对路。等到心无挂碍的时候，自然就登入化境，随心所欲了。或者说，进入化境之后的学者，已经能够驾轻就熟地运用求同思维，不再一味地强调主体，而能与客体融为一体。正如《黄帝内经》所说："智者察同，愚者察异。愚者不足，智者有余。"

---

① 鲁东海：《做自己最熟悉的研究》，载《中小学教师培训》，2013 年第 4 期。

# 类比联想

　　一天，鲁班上山寻找木材，忽然脚下一滑，他急忙抓住身旁的一株茅草，人是站稳了，手却被划得鲜血淋漓。他拔了一片草叶，仔细端详，发现叶片的边缘长着密密麻麻、一凹一凸的齿，心想："这么薄的叶片，怎么这样厉害？"他试着往手臂上轻轻一划，谁料又划破了一道口子，鲜血冒出来了。鲁班想到砍木头的艰难，就想，如果能用类似的工具，不就容易多了？于是他请铁匠打造像茅草叶片一样边缘带齿的铁片，拿去山上做实验，果然砍起木头来轻松多了。于是，世界上第一把锯子就这样诞生了，另一种伐木方式就这样产生了。

　　鲁班发明锯子的思维方式，就是类比联想。运用类比联想的发明创造不胜枚举。法国青年医师有一天在街上看见一群孩子在玩一根长木棍，有人在这边敲，其他人在木棍的另一端喊："听到了，听到了！"由此发明了听诊器。类比联想是把两种事物进行对比，找出其中相同或相似的属性，然后进行移植。尽管类比后的结论不一定正确，但是它另辟蹊径，常常能给人带来意外的惊喜。刘良华教授说："'类比研究'实质是在'人的成长'与'万物的成长'之间寻觅'相似性'，颇有'天人合一'的思路。凡以'类比研究'叙说教学的地方，其教学研究的方式往往走向'教育隐喻''教育启示'的道路，这是一条迷人的、值得咏叹的道路。"①

---

① 刘良华：《校本教学研究》，四川教育出版社，2003年版，第1页。

的确如此，这种看似简单的思维方式，往往能创造出惊人的业绩。著名特级教师李吉林的"情境教学法"就是这样创造出来的。1978年，年届不惑的李吉林老师重返教学岗位，当时，极左思想的影响尚未完全消除，小学语文教学遇到极大的困难。如何才能走出困境，李吉林老师怀着百废待兴的焦虑之情进行艰难探索。后来，她看到外语教学采用创设情境的方法，又联想到小学生作文与诗人作诗有相同的地方，于是，她在吸收唐代诗人王昌龄"情境"内涵的基础上，融汇了刘勰的"心物交融"说和王国维的"境界"说，在教育教学中创设了一种人为优化的适合儿童需要的典型环境——有情之境，为学生提供了丰富的作文素材，使小学生在情感的驱动下产生强烈的表达欲望，达到"情动而辞发"的境界。这种教学方法产生了很好的教学效果。后来李吉林老师又著书立说，扩大其影响，除了语文，音乐、美术、数学、英语等学科都在运用"情境教学法"。

江苏省语文特级教师管建刚开展作文教学革命，他认为："绝大多数的一线教师不知道，作文兴趣本身，就是一个重要的作文能力。"[1] 为此，他极力倡言"读者意识"和"发表意识"，创办了"班级作文周报"。每周，学生写稿、投稿、修改、发表，由此作文不再是一道无聊的作业，而成为学生向往的心灵交流的精神家园。他没有停留在对学生进行语言训练的表面，而是注重作文背后的"人"的成长。在运作这张不起眼的小报纸时，管老师建立了一整套规范的管理制度：报纸分为"精华版""升级版"和"大众版"，还分设"小作家专栏"和"个人专刊"；有"录用通知"，还有"稿费单"；每学期开展一次"我的书"装帧大赛，评出"最美的书""最有创意的书""最佳前言奖""最佳封面设计奖"；每学年开展一次"我的报"装帧大赛……在作文教学中，管老师采用了"积分活动""奖品兑换""稿费活动"，其中"稿费活动"又分为"挣分"与"消费"……这些，其实是把杂志社的运作机制和现代商业活动移植到小学作文教学中，以激发学生写作文的兴趣。

常熟市的一位地理老师有一次在电视上看到：苏州市一位化学教师为了

---

[1] 管建刚：《我的作文教学主张》，福建教育出版社，2010年版，第2页。

帮助学生记住元素周期表，发动学生以一百多种化学元素的名称为歌词，用流行歌曲的曲调唱出来，结果理解和记忆的效果特别好。受到启发，这位地理教师把大气变化现象和规律也用歌词的形式概括，然后让学生用《菊花台》的曲子把它唱出来。学生兴致盎然，理得清，也记得牢。这也是类比联想发挥功效的一个成功案例。

现在，一些培训机构经常打出"高原班"广告，这也是一种类比联想的比喻。登山者在向高山攀登时，到达一定的海拔高度，就会出现呕吐、头晕等一系列剧烈反应，当克服了"高原反应"后，就又可以向新的高度攀登。这就像人的职业生涯，到达一定的高度，就会出现职业倦怠，大多数人就此停止了前进的脚步。"高原班"这种形象的比喻，能够吸引奋斗不息的人"百战归来再读书"。

打破学科界限，各学科之间相互学习、交融，在今天越来越普遍。季羡林先生说："今天学术发展的总趋势是，学科界限越来越混同起来，边缘学科和交叉学科越来越多。再像过去那样，死守学科阵地，鸡犬之声相闻，老死不相往来，已经完全不合时宜了。"[1] 比如，在文学评论界，德国汉学家顾彬提出了"文学终结"的说法，而在教育学界也有"教育学终结"的声音出现。书法界提出以魏晋为分水岭，之前是书法自发的阶段，之后是书法自觉的时代，这种提法，其实是从鲁迅提出的魏晋是中国文学自觉的阶段中类比联想过来的。而教育经典著作《大教学论》，就是17世纪伟大的捷克教育家夸美纽斯，在比较教育现象与自然现象的基础上，根据大自然的规则，提出的一系列人类教学原则。

类比联想看似是简单的复制，其实不然，它要求使用类比联想的人必须具有开阔的视野、广博的知识。没看过磁铁吸引力的人，就想不到地心引力；没见过溪边鹅卵石的人，就不可能发明出球磨机；没看到山洞的人，就不可能去建造房屋。同时，它要求思维品质上要有较强的概括力和迁移力，这样才能在一般人看来毫不相干的事物中看到它们的相似性，从而在较为抽象的

---

① 季羡林:《季羡林散文》，浙江文艺出版社，1999年版，第297页。

层面进行比较、概括，架设起彼此相通的桥梁。"新奇组合"是一种重要的创新策略，创意往往来自偶发观念的组合。

新课程改革的重要理念之一是"实践"。随着时代的变迁，现在的学生越来越少接触大自然和社会，连家务也基本不干，出现了重书本知识而轻生活经验的偏向，也缺少动手的习惯和能力，所以各学科都要求教学与实践结合起来。比如，小学数学的"生活化"流行于 2004 年左右，鼎盛于 2005 年上半年，到了 2005 年中期，"张奠宙教授敲响了一记警钟——谨防'去数学化'，自此后对数学教学生活化的讨论开始回归理性，文章都持理性而辩证的态度看待数学生活化的价值，有人开始思考'数学味'缘何变淡、如何才能不淡"①。英语教学原本大力提倡口语化，想办法让学生把口张开，而淡化语法教学，后来人们发现语法忽视不得，因为语言内部自有其组织规则，口语可以较为随意，但书面语少了规则就可能乱了套，尤其如法律文书、科技论文等，可能就漏洞百出，因此英语教学界又重新重视语法教学。我们运用类比联想来看看语文教学界的情况：现在语文教学也不教语法了，其缘故可能是因为现代汉语语法是舶来品。中国几千年来都没有语法，但我们仍然有辉煌的唐诗宋词，有伟大的《红楼梦》，因此我们要努力把当下学生传统文化教育的断层接上，"沿着别人的道路奔跑虽然不至于迷路，但却也很难超越前人的脚步，沿着自己的道路奔跑，再学着别人的跑步技巧才能跑出自己的特点"②。这是一种远大的理想，但是摆在面前的是，曾经接受过系统汉语语法训练的语文教师没办法完全接受，在教学实践上也遭遇了不少困难。这确实是一个问题，而且是一个很复杂且很难圆说的问题。笔者从业近 30 年，私下听过某些老师的抱怨，却从未收到过一篇稿件来讨论这个问题，甚至连提出困惑的文字也没有见到。

这，就是笔者运用类比联想找到的一个论文选题。

---

① 钟建林等：《写作并非难事——写给小学数学教师》，教育科学出版社，2012 年版，第 27 页。
② 陈原：《时代、传统与生命的交响》，载《福建基础教育研究》，2013 年第 5 期。

# 均衡思维

要找到一个适合自己的论题，难；为一个论题找到一个新颖的切入口，更难！笔者认为，有时候，运用均衡思维，可以打开思路。

《易经·系辞上》曰："一阴一阳谓之道。"中国传统思维的一个重要特征是混沌，讲究整体性，是一种集合性的思维，南开大学刘泽华教授把它称为"阴阳组合结构"："就是有两个命题互相对应。你很难用一个观点一直说下去，讲一个必然要引发出来另一个。"[①]这种"阴阳组合结构"具有超稳定性，难以打破。笔者在编辑实践中曾遇见这样一段文字："记得 2004 年，曾看到过四川省编辑出版的一本杂志，名为《教师之友》，上面刊载着'那一代'专题的三篇署名文章，分别对魏书生、于漪、钱梦龙作了基本否定的评价。时隔不久，大概是为了挽回某种理论上的偏颇，又在同一杂志上发表了另一位年轻学者的文章，题为《于漪们的意义》。"[②]当笔者读到这段文字时，不禁有种心惊肉跳的感觉：自己的同行就像在高空中表演走钢丝！他们刻意打破某种平衡，再竭尽全力扭转过来——可是一不小心，就会摔得粉身碎骨。

"贵和尚中"的儒家思想有着广阔的话语空间。与西方强调对立、冲突、斗争的历史语境不一样，占据中国主流话语的儒家思想历来强调和谐相处。依此反观《教师之友》所策划的"那一代"，违反了历史辩证法，没有充分尊重前人所作出的历史贡献，割断历史来看问题，企图横空出世推出新

---

① 刘泽华：《关于倡导国学几个问题的质疑》，载《历史教学（高校版）》，2009 年第 5 期。
② 顾黄初：《陈日亮的境界》，载《福建基础教育研究》，2009 年第 2 期。

理念、新事物，操之过急矣！库恩说得好："一个成功的科学家必须同时显示维持传统和反对偶像崇拜这两方面的性格。"①系统论常识告诉我们，总体往往大于局部之和；局部是正确的，总和却可能变成错误的。我们无论是为人处世，还是写文章，一定要有大局观、均衡观，在突出事物其中一面的时候，不可忽视另一面，一般情况下，应该给另一面一定的话语权，做到统筹兼顾。均衡原则强调阴阳互补，认为事物不可能按照某种模式无限地发展下去，终究要取得某种平衡。比如，现代化强调科学技术的重要性，但是自从现代化理念引入中国以来，20世纪二三十年代就出现了反现代化的思潮。当然，在那个救亡图存的时代，中国人急需的是坚船利炮，义无反顾地把孔子与中药等传统扫到历史的垃圾堆里，因而这种声音很微弱。不过，今天人们已经清醒地认识到，随着科技的快速发展，它的一些弊端也逐渐出现，科技与人的幸福指数并不成正比。这时，人们才猛然发现西方哲学强调对立、冲突、斗争，强调物竞天择、弱肉强食、适者生存，有片面的一面，从而反思中国传统文化。中国文化虽然有制约科技发展的一面，但是，它重人伦、讲和谐、追求天人合一，具有重要的现实意义和普适的价值。哲人惊呼：该中国哲学登场了？②

物极必反，当一种话语成为压倒性的权威时，另一种微言细语就在潜滋暗长。比如，2009年第9期的《课程·教材·教法》发表了一篇《中学英语教学中应该提升哪些语法意识》，就是针对当时英语教学中过分强调交际教学法，忽视语法教学的现状有感而发的。这篇文章得到了编辑的赏识，题目被列在封面作为重点向读者推介。又如，盛行一时的"成功教育"，其研究已经有了丰硕的成果。成功教育倡导以表扬、鼓励为手段，全面提高学生素质，追求学生潜能的发现、发展和学生自我教育能力的提高，其方法是为每个学生创造成功的机会。这被视为一种以学生获得学习上的成功为途径、为目的的素质教育模式。但是，任何真理再往前跨一步就可能变成谬误。陈桂生教授说："廉价的叫好，比唠唠叨叨的批评好不了多少，它同样会使年轻人

---

① 库恩：《必要的张力》，福建人民出版社，1981年版，第174-175页。

② 李泽厚、刘绪源：《该中国哲学登场了？——李泽厚2010谈话录》，上海译文出版社，2011年版；李泽厚、刘绪源：《中国哲学如何登场？——李泽厚2011谈话录》，上海译文出版社，2012年版。

心烦。真正不可抗拒的批评，是不轻易的批评。同样，真正有力量的夸，是难得的夸。"①由此我们联想到事物的另一面：人的一生不可能都一帆风顺，难免会碰到磨难、挫折与失败，学生应该学会直面生活，迎接挑战，于是我们可以找到"挫折教育"这个研究点，这在当下具有重要的现实意义。针对新生代娇生惯养、养尊处优、意志薄弱的特点，可以在教育情境设置中制造各种各样的困难来磨炼学生的意志，培养学生的毅力，使他们能够容人思，容人言，容人为，容人过，容人失，容人兴；能够容悲愤之事，容不明之事，容不实之事；从而容心，识己，宽己，做到不器，不争，不忧，不惑，不惧。②概言之，要"厚德"才能"载物"。我们还可以收集日本、美国等国家的家长、学校、社会是如何对青少年进行意志考验的材料，来充实自己的论述。再如，语文阅读教学强调"以读带悟"，可是一位教师在观摩公开课时发现，学生们都是出声读，他因此联想到"默读"的缺失，其实要得出"悟"，更重要的是需要个性化且带有私密性的默读，他就此写了一篇论文，很快就得以发表。这些例子启发我们，掌握均衡原则，知道事物不可能永远朝着一个方向发展下去，打开思维，或许我们能从中找到论文选题的"金点子"。

均衡思维并不是彻底否定已有的定论，而是转变看问题的角度，从另外的角度重新认识基础教育中已经研究过的内容，发掘对这些内容的新认识，发现新问题，或者寻找解决问题的新办法。它与一般思维的线型和点式不同，要求任何时候处理任何问题，都应站在整体的角度，联系相关的事物再进行判断，避免保证了局部利益，却影响了全局的利益，解决了一方面的矛盾，却又引发其他方面甚至整体的矛盾。均衡思维也不等同于逆向思维。逆向思维有对着干的意味：你不让我干，我偏要这么干！逆向思维是二元对立，非是即非，容易发展成偏执；均衡思维是二元对开，从事物的相对面去寻找思路，具有大局观，有大气。均衡思维追求"中庸"的境界。《中庸》曰："天下国家可均也，爵禄可辞也，白刃可蹈也，中庸不可能也。"中庸是一个难以企及的境界，但我们可以尽力而为。

打破思维定势，冲破思维禁锢，思想有多远，行动才能走多远！

---

① 陈桂生：《教育闲评》，华东师范大学出版社，2007 年版，第 209 页。
② 赵志勇：《有容乃大——安身立世的智慧之门》，载《中国编辑》，2013 年第 3 期。

# IV

一

**写作篇**

南帆先生曾把口头交流比作"谈恋爱","恋人们可以尽情浪漫，变换花样地嬉戏，因为恋人只要保证他们的约会富有兴味即可"，而"一旦进入写作阶段，这犹如婚后成家立业了。夫妻不仅要继续他们之间的爱情生活，同时还要细致地考虑如何建造承载爱情的家庭形式，考虑油、盐、柴、米种种细节问题。由于这些缘故，写作阶段经常会冒出一些意想不到的障碍与困难。"[①] 写作，是把脑海里的思想文字化的过程。在写作中，一些思考过的问题会由模糊变清晰，由肤浅变深邃，一些解决问题的方法由零碎变系统。

写作的意义，首先在于厘清自己的思路，说服自己，"文益于己"；其次可以"文益于世"，传播自己的思想，与同行分享自己的智慧。

① 南帆：《文学批评手册——观念与实践》，北京师范大学出版社，2011年版，第114-115页。

# 题目的艺术

为写这篇文章，笔者对《福建基础教育研究》2023 年 12 月的公共邮箱的来稿量做了一个统计：全月共来稿 488 篇，日平均来稿 15.7 篇。以每期刊文 45 篇计，倘若不统计编辑部主动约稿和其他途径的来稿，采用率不足 10%，而实际采用率要比这个数值还要低很多。由此可见，中小学教师发表论文竞争激烈。如何在众多的竞争者中脱颖而出呢？

在网络上通过邮箱投稿，当添加完附件之后，邮箱的"主题"立即会自动变为附件的文件名。这个文件名，就是直接呈现在期刊编辑面前的第一印象。深知交际艺术的人都知道，第一印象在交际中具有多么重要的作用。实际上，只要看一眼邮件的名称，不用打开，编辑就能初步判断这篇稿件的质量。因为在长期的编辑实践中，编辑已经练就了"闻"文章的灵敏嗅觉——不用走近去看，更不用掰开来尝，只要远远地看一眼，就能闻到它飘过来的味道，如果是诱人的清香，就会身不由己地走上前，迫不及待地"扑"上去；如果是恶臭，自然是躲开。

由此，有人得出结论：文章的标题首先要新颖。但笔者并不这么认为，因为新颖在构思、取材的阶段已经完成了。如果在取标题时再来考虑，往往会变成为新颖而新颖，从而使标题显得花哨。真正的新颖，应该是由内而外显示出来的红润，而不是在面上涂脂抹粉，因为涂抹得越多，就越显心虚，令人生疑。

首先，文章标题要贴切。我国台湾作家喻丽清说："题目是内容的缩小，内容是题目的放大。"题目就像帽子，要和头吻合；题目就像衣服，要贴身。取题，关键要能把文章的关键词和亮点突出。可能由于我们平常大多进行文学阅读，较少学术阅读的缘故，很多作者的来稿的题目都偏向文学化，文辞蕴藉。这不太适用于学术论文。学术论文是讨论问题的，论题要明确提出，论点要鲜明，因此要求文章的题目要显豁。笔者在审阅福建省三明第十一中学周晓颖老师的来稿《走进孔乙己 走近周树人》时，发现这篇文章颇有新意，写的是用给孔乙己画像的办法，激发学生的阅读兴趣，引导学生一步步深入认识孔乙己这个人物形象，从而去探究鲁迅博大精深的思想。但是文章的题目讲的是教学结果，而不是富有创新意味的教学过程，没有突出自己的教学亮点。笔者仔细阅读全文后，把文章结尾的一句话"走进孔乙己，走近鲁迅，原来并不可怕，需要的是老师巧妙的引导，唤醒学生的情感体验"稍作修改，重新取名为"巧妙引导 唤醒学生情感体验——走进孔乙己 走近周树人"。福建省武平县第二中学蔡新英老师的来稿原题是"巧用心理学，让语文教学在科学与艺术中穿行——浅谈心理学中沉锚效应与 7±2 现象在高中语文教学中的应用"，笔者一看，就把正标题删去，改为"心理学沉锚效应与 7±2 现象在高中语文教学中的应用"。后来，责任编辑、特级教师石修银又把它改为"语文教学心理学：沉锚效应与 7±2 现象"。

再如，《优化作文评改 实现师生双赢——农村初中作文教学评改环节的思考》一文的主体分三个部分：一是教师要教给学生写作与评改的方法，培养学生主动写作与积极评改的兴趣与欲望，并在评改指导上下功夫；二是教师要教给学生写作训练与评改的具体方法，让学生知道怎样才能在写作与评改中成长；三是让学生把参与作文评改作为一种习惯，使之成为提升写作技能的重要手段，成为推动学生积极写作的一种内在动力。[①] 笔者在文章中找不到关于"农村"二字的分析，更何况中国的东西部农村存在巨大差异，何

---

① 邓友书：《优化作文评改 实现师生双赢——农村初中作文教学评改环节的思考》，载《人民教育》，2013 年第 10 期。

以能在一篇短文里概括全国农村的境况？同时，在文章中也找不到关于"初中生"年龄特点的分析，还找不到关于"师生双赢"中"教师"这一方到底"赢"在哪里的分析。可以说，这样的文章、这样的题目都是"硬"做出来的，虽然文章发表在名刊上，但是并不能给人以启发。

在网络信息时代，人们习惯于网络检索，因此取标题时要注意关键词的选择，要把最能体现文章重点的关键词挑出来，尽可能地编织到标题中，这样可以提高自己文章被检索的几率。在笔者发表的被中国知网收录的文章中，有一篇叫《贾平凹与"寻根文学"》，文章写得并不太好，题目也很一般，但是下载数量和被引用数量都是比较高的，可能是因为这个题目中的两个关键词在文学评论界都是高频词，而关注这两个关键词的学者，通过不同的检索途径，都可能检索到这篇文章。有些文章的关键词很模糊，让人摸不着头脑。比如，《这里的改革与众不同》，到底与众不同之处在哪里，这才是提取关键词的重点，才是文章题目必须显示的内容；又如《抓"源头"击"活水"——探寻思想品德课教学策略》，这篇文章的副标题就是个累赘，可是去掉它更是让人莫名其妙，其根源在于文章的整体构思不成熟，没有属于自己的亮点，作者七拼八凑，编辑也无法安一顶漂亮一些的帽子。

其次，文章标题要简洁。题目的"题"字，本意是"额"，即"脑门子"，"目"即"眼睛"，可见文章题目的重要性。春秋时期的文章是没有题目的。比如，《诗经》中305首的篇名，都是把每首诗的前两个字拿来做题目，如《关雎》《倩女》《硕鼠》等；《论语》诸篇原本也没有题目，首篇《学而》即取自"学而时习之"的前两个字，但这两个字并不能构成一个完整的意思。到了战国时期，随着文章的增加，信息量多了，人们才开始给文章取题目，让它们有"脑门子"和"眼睛"，以"出人头地"。文章要在众多的篇章中被人记住，有很多要素，其中一条就是题目要简洁，朗朗上口，直呼而出。福建省语文名师林育老师有一篇文章叫《古典诗词中男性作家自喻"美人"的情结》就让人过目不忘。2010年底，笔者在福州市马尾区教师进修学校参加林志强名师工作室活动时，遇上了久未谋面的林育老师。聊天时笔者提及几年前为他编辑的这篇文章，福州一中特级教师林志强脱口而出："哦，你那篇'美人'文章！"可见这篇文章流传之广，给人印象之深。这其中少不了这篇文章题目简洁、能突出关键词的因素。又如，厦门外国语学校邹春盛老师的《隐喻和张力——中学现代诗细读的两个关键词》一文，就把关键词摆在最前面，直截了当。

笔者写过的文章中，题目最简洁的仅有 7 个字：《试论半学术期刊》。这篇文章结合了笔者的从业经验，尝试从概念入手，来剖析这一类刊物的特点及其办刊方向。而另一篇文章的题目长达 25 字：《从自动回复邮件透视学术期刊应对数字出版的心态与对策》，现在回想起来，题目不够简洁，可以修改为"学术期刊应对数字出版的心态与对策——以自动回复邮件为视角"。后来，笔者策划了一期"本刊关注"，原来想取个总标题，叫"我心中的基础教育'中国梦'"，后来几经琢磨，决定把"心中"二字删去，因为"梦"原本就在"心中"。或许，在行文中留下来无伤大雅，同义重复以示强调，但是在题目中会格外刺眼，于是坚决去掉。"有人根据人们对语言的一般记忆特点，提出标题最好控制在 12 个字以内，否则记忆力就会降低 50%。"①而按照《科学技术报告、学位论文和学术论文的编写格式》（GB7713—1987）中的要求，"题名一般不宜超过 20 字"。因此，在写作过程中，我们要特别注意题目的制作，常常是推敲再推敲，几易其稿，最后才确定。而像《重庆社会科学》，几乎是每一篇来稿决定刊用之后，编辑部都要对题目进行改动。

再次，文章标题要典雅。这是由学术期刊的特点所决定的。我们要特别注意，不要把一般网络、报纸的标题写作方式套用到学术期刊的文章中。学术期刊是说理的平台，是学者展现自己学识、学养的地方，因此要有温文尔雅的学者风范。网络、报纸有所谓的"标题党"，为了在海洋般的资讯中凸显自己，有些甚至不惜断章取义，以吸引眼球。这在学术期刊是大忌。学术期刊要求作者尽力全面地、辩证地看待事物，进行周详的说理，要有学理性。比如，福建省实验小学陈峰老师的来稿，原题目是"网络语言 PK 小学语文"，经退改后，作者改为"小学语文教学如何应对网络语言的影响"，改

---

① 董菊初：《学报论文标题的"宜""忌"及其传播学依据》，载《上海教育学院学报》，1993 年第1 期。

后的题目相比原来的活泼俏皮，显得"端庄"了。

最后，文章标题要新颖。在做到前三点的基础上，如果可能，还要力求文章题目新奇。虽然文章的新颖性是由其内质所决定的，同时不能像"标题党"那样追求表面的花哨，但是学术论文还是要考虑读者的需求。而读者需求要靠文章的题目去激发，因此要善于锦上添花，在无损于论点科学、论据翔实、论证周密的基础上，可采用比喻、拟人、象征、借代等修辞手法，以增强文章的生动性，因为具象的题目总比抽象的题目更能赢得读者的青睐，如《轻轻地"吻"课文》（干国祥，《人民教育》2007年第8期）、《用"教育"为校车打上"安全结"——从〈校车安全管理条例〉看学校的校车安全教育》（肖宝华、张新风，《中小学管理》2012年第8期）等。有的文章题目善于制造悬念，能牢牢把读者的眼睛吸引住，非读不可，如《批评，也有颜色吗？》（娄晓华，《人民教育》2004年第2期）、《拥有≠会用：城市小学生媒介素养亟待提升——以北京市某所城区小学的全校调研为例》（张洁、况瑞娟、李篆，《中小学管理》2012年第9期）、《越忙的人越有时间：教师成长与时间运筹》（徐世贵，《中小学管理》2012年第10期）等。

此外，有些作者喜欢使用副标题，一般是先取一个虚的、文学化的主标题，再取一个实的副标题，如"好风凭借力　送尔上青天——作文教学要发挥教师'导'的作用"。这样并不好，还是前面说的，受文学化写作方式影响。学术论文更需要实实在在、有一说一。各级各类科研课题申请书的"填表说明"中都明确规定："课题名称"一般不加副标题。我们在写论文时也要学会言简意赅、一语中的。

论文除了有题目，也有一些小标题。

文章原来是不分段落甚至是不分句读的，需要读者凭自己的感觉去断开。随着现代印刷术和读书界的发展，作者越来越考虑到读者的需求与方便，因此除了题目、句读、段落，还有了小标题，使文章纲目更加清楚，一目了然。好的小标题与文章题目相呼应，形成一个严整的逻辑体系，使整篇文章熠熠生辉；而差的小标题则随意性很强，如脚踩西瓜皮，滑到哪里算哪里，从而破绽百出，让读者失去阅读的兴趣。拟小标题应遵循三个原则：向心性、序列化和协调感。①

　　所谓向心性，是从整体着眼，要求所有的分论点都必须指向中心论点，如众星拱月，为中心论点服务。传统的文章写作方式更追求一种汪洋恣肆的才情挥洒境界，如"李白斗酒诗三千"，在酒神的眷顾之下，下笔千言，指点江山，挥斥方遒。但这种写作方式在学术论文写作中是行不通的。虽然论文写作也离不开敏锐的心智，但更重要的是追求严谨的科学性，要有充分的事实与数据，有严密的逻辑推理，得出符合现实情况的结论或切实可行的解决办法。在这种行文规范的限制下，学术论文写作要引入现代企业管理理念，像认同企业管理设计制度让所有的员工都齐心协力为企业的发展做贡献一样，写作者也要想方设法让所有的分论点都围绕中心论点，为充分论证中心论点服务。写作、修改的过程中，倘若发现哪个分论点"离心离德"，就要毫不留情地予以"开除"。

　　例如，福州第八中学李智明老师的《口诵心惟　以声传情——高中宋词吟诵教学例说》就是一篇纲目清晰的好文章，其各条细目都能很好地围绕文章的题目来展开：

　　一、通览全局，确定目标

　　二、因词施教，吟之有法

　　1. 标平仄，读出韵律

　　2. 划停顿，读出节奏

　　3. 找韵脚，读出情感

　　（1）平声韵

　　（2）仄声韵

　　（3）平仄转韵调

　　三、因声求气，以声传情

---

① 王泽龙：《是眼睛，就要充满睿智和活力——论文标题艺术初探》，载《浙江师范大学报（社会科学版）》，1996年第6期。

下面是《重视情趣教学　体验快乐作文》一文的纲目：

一、推荐课外读物，扩大阅读量

1.激发兴趣，增强课外阅读的动力

（1）榜样的力量

（2）活动激趣

2.做好读物的推荐

（1）推荐与教学内容相关的书籍

（2）推荐与年龄特点相关的书籍

（3）推荐与习作相关的书籍

3.指导学生积累、背诵

（1）指导学生做读书笔记

（2）利用上课前三分钟

二、培养写作兴趣，扩大写作量

1.降低要求

2.顺乎自然

3.专栏比文

三、把爱心融入作文批语

1.体现民主性

2.注重情感交流

　　这篇文章的纲目虽然也头头是道，但是这些纲目没有一个中心。其根本病灶在题目，既讲阅读，又讲写作，做了很多工作，但零零碎碎地都写进来，没办法拿出一个"看家本领"，因此全文显得散乱。

　　所谓序列化，是从各分论点着眼，要求各分论点之间要按照一定的逻辑顺序排列，井然有序。比如，有一篇文章叫《卡拉OK》，作者为我们描绘了这样一种"歌手"：第一曲，卡，无论别人的理由如何充分，他就是"卡"住不办；第二曲，拉，以种种借口，拖拖拉拉，和人打"太极"；第三曲，OK，送上厚礼，终于笑逐颜开，网开一面，爽快利落地把事情给办了。这是按事物发展的顺序来写。再看《让教学技能大赛成为教师专业成长的助推器》：

一、亮点与优长

1. 锁定核心技能

2. 瞄准薄弱环节

二、问题与不足

1. 教学文本的解读止于"理解"

2. 少数人在"战斗"

3. 赛后成果推广乏力

三、设想与建议

1. 讲求"训""赛"结合

2. 扩大开放路径

3. 促进成果转化[①]

这篇文章先说优点，再说缺点，最后讲解决办法，思路明晰、干脆利落，显得十分大气。

所谓协调感，一方面指小标题要与文体相适应，做到形式与内容相协调；另一方面也指各个小标题之间最好能做到修辞格相同，字数相近，句式相似，具有一种形式上的美感。比如福建省大田县梅山中学郭兆志老师的《观察课本插图　欣赏语文之美》一文的小标题：

一、观察插图，发现自然美

二、欣赏插图，感受意境美

三、想象插图，崇尚人格美[②]

---

① 刘仁增：《让教学技能大赛成为教师专业成长的助推器》，载《福建基础教育研究》，2013 年第 3 期。

② 郭兆志：《观察课本插图　欣赏语文之美》，载《福建基础教育研究》，2013 年第 4 期。

三个小标题句式整饬，且有层层递进的内在逻辑关联，读来自有一种愉悦的美感。当然，协调感并不摆在首位，因此如果确实做不到，不必勉强，以免以文害意。

拟小标题并不比拟题目来得容易，也是一件颇费心思的事。有时候，拟不出来，不妨用"一、二、三"等来给文章分层次。

我们在写作实践中，有些文章拟题在先，有些拟题在后，并无一定的规则。一般情况下，如果调查、研究、构思成熟之后再落笔，此时文章已基本在脑中成型，很可能是先写下题目再行文。如果各方面还不成熟，但脑海中文思喷涌，这时也应该落笔，把脑海里想说的话记下来，免得"冷却"后灵感消失。但是在将脑中沸腾的思绪逐渐厘清的过程中，可能会发现自己原来对这个问题的思考尚未成熟，不得不半途而废。此时也不必灰心，把这些只语片言积累下来，今后或许会有用得上的时候。

# 展　开

　　"展开"的反义词，应该是"收缩"。罐装的铁观音茶叶是收缩的，因为经过一道道制作工艺，整片叶子便蜷缩起来；但在开水的浸润下，蜷缩的茶叶会缓缓伸展，翩翩起舞，最终恢复它在原野里的形态。写论文就像做茶，要经过不断提炼，去粗存精，通过归纳，形成分论点，再提炼出一个总论点。没有归纳、提炼，就没有精彩的论点；但没有演绎、推论，也就没有展开。没有展开，就像用冷水泡茶，茶叶没办法舒展，茶的香味散发不出来，茶水的颜色也不清亮。所以写论文时要注意归纳，但也要记得展开。

　　先看例文：

　　"海西"语文教学的变革和转向，福建语文教学的崛起和兴旺，很大程度上取决于一支优良的闽派语文教师队伍。

## 科学定位建机制

　　科学定位是科学发展的基本前提。要科学确立福建语文教学师资培训发展的方向和目标，明确培养福建语文教学师资的目的是更好地应用。要选择有实力的培养单位，要考虑福建语文教学师资的培训与现有岗位的适切性和结合性。在新形势下的语文教学中，培训语文教师的宗旨就是促进语文教师的专业发展，使教师成为具有新理念、新知识、新能力的适应教育改革的"新"语文教师。具有新理念，即有现代的语文观、教育观、教师观、教学观、学生观、学习观、课程观、法制观和评价观；具有新知识，即有教育教学理论知识、语文专业理论知识、前沿学科知识和实践经验知识；具有新能力，即有现代信息技术能力，语文教育教学的创新能力和实践能力，与他人共处、合作、交往能力，批判反思、行动研究、自我发展的能力，教育科研能力等。当然，福建语文教学师资培训的目标不能仅停留在提高语文教师课堂教学技能的层面上，还要从提高教师职业道德水平、树立现代教育理念、拓宽知识层面、提升综合能力入手，促进福建语文教师逐步走向专业化发展道路，建立符合福建语文教学师资培养的长效机制。

### 唤醒主体推发展

现代终身教育理念强调个体为适应社会发展而自觉进行的毕其一生的对知识和技能的学习和反哺。因此，对福建语文教师来说，不仅是上岗前需要培训，入职后，更要用发展的眼光来加强培训，推动专业化发展。在职继续教育是福建语文教师专业化的深化和发展阶段，它相比职前培养和培训来说更为重要，因为语文教师职后的时间更长、教学体会更深，也更容易使语文教师的专业素质发生"质"的飞跃。我们要促使语文教师培训从"要我培训"转向"我要培训"，并最终转向"我爱培训"的主体意识觉醒。语文教师不仅是教学者，还应是学习者与研究者。教师在育人中育己，是现代教育管理思想的核心。福建语文教学师资培训应突出语文教师专业发展的要求，既要促进语文教师教学方式的重大改变，更要引导语文教师开拓新的生活方式，使个性与创新成为广大语文教师新的人生追求。培训是跟进知识经济时代的必要措施，从事语文教学的执业人员必须用不间断的培训经历，去感知最新的学科发展和理论创新。只有用终身教育理念来规划福建语文教师的专业发展，激发语文教师的内在培训需求，才能不断使培训与应用相契合，并能在实践中探求教育艺术，发展教育个性，推进闽派语文教师的专业发展。

### 全员培训汇合力

现代管理学和系统论认为，参与的任何一个部门和人员都直接或者间接地影响着最后的整体效能。"木桶理论"认为，决定一只木桶容量的不是最长的木板，而是最短的那块木板。在实现福建语文教学师资培训总目标的进程中，每个人的素质高低都对整体效能产生影响。要做到不消解整体效能，培训单位就要发挥所有要素的作用，每个部门、每位员工都必须努力工作，福建的全体语文教师都应得到相应的培训。可着力规划福建语文教师培训的系列，对青年语文教师采用扶持培训——发展期培训、提高期培训、成熟期培训，对普通语文教师采用普及培训——教育通识培训、教学设计培训、资源开发培训，对任职语文教师采用分类培训——教研组长培训、备课组长培训、兼职教研员培训，对语文业务骨干采用分层培训——教坛新秀培训、骨干教师培训、学科带头人培训，对语文高端教师采用小组培养——特级教师培训、语文名师培训。这样，创设各个培训层次的发展平台，全方位、多层面地展开培训，最终形成整体合力，努力使福建广大语文教师茁壮成长。

### 加强调研讲实效

要立足实际，加强福建语文教学师资培训的调研。中学语文教师对培训的实际需求信息是实施教师培训的重要依据，所以，及时倾听语文教师的心声，收集和分析他们对培训工作的需求，有助于去弊求实，提高语文教师培训的效果，强化语文教学师资培养的导向性、针对性、实效性。培训机构和承担培训任务的教师要回归本真，经常深入福建省中学语文教师群体，开展调查研究，通过听课、交流、观察教师的日常行为习惯等活动，深入细致地分析语文教师已有的知识经验，深入而准确地掌握语文教师的学习需求。一般来说，对青年语文教师就是要加强师德教育和从教技能教育，将敬业奉献作为重点，提高语文教学技能；对中老年语文教师要加强现代教育理念和方法技术的培训，更新教育观念。要注意理论与实践的衔接，扩展福建语文教学师资培训的范围，调整培训的内容，改革培训形式，加强合作，开展培训的力度，探索开展培训的新途径，从而增强福建语文教学师资培训的实效性。

……

笔者认为这篇文章并没有展开讨论，一个分论点一段，像砌方块砖一样。写文章要撒得开，洋洋洒洒，信手拈来皆成文章。

泡茶要用开水，教师也必须用一腔热情去爱教育、爱学生，关心学生一点一滴的变化，由衷地为学生的进步高兴，为学生的落后着急，要为人生道路上前行的学生鼓与呼。用关爱的目光，把学生、班级、课堂、校园、学生宿舍的一举一动记录下来，把这些编织到文章中，文章自然就会生动活泼起来，而不是干巴巴的条条纲纲。相反，如果用冷漠的眼光去看待学生、对待学生，你就无法感受到学生身体里拔节成长的声音，文章里自然也就看不到学生活跃的身影与躁动的心。学生是学校的主体，也应该是教师笔下的主角。论文不能只写教师是怎么教的，更多的应该写学生是如何接受的。把生活的细节拾掇起来，文章自然就丰满起来了。

展开，从某种意义上说，就是要善于咀嚼生活细节。尺水见波澜，把折叠在一起的日子细细地拆开、铺平、熨烫，从他人视而不见的地方寻找到自己独特的感悟，而悟性是随着年龄的增长而成长的。另外，我们要博览群书，学习、借鉴他人观察、思考生活的方式方法，敲开生活坚硬的外壳。文章看多了，词汇量大了，写文章就文思泉涌，引用起来也会得心应手。文章展开有八法：并列平铺法、逻辑推进法、上溯求源法、下推展望法、引证阐述法、举例说明法、辩证分析法和空间跳跃法。① 何不使用其中之一，将文章写得多姿多彩些呢？

文章要写得多姿，还要有些写作技巧。在写句子的时候，要善于将长短句错落开来；在安排段落时，也要善于把长的段落与短的段落相互交叉，有时为了强调某个论点，还可以使用独立段；在引用教学案例时，要将老师说的话与学生说的话分行来排列。

展开来写吧，将一派生机勃勃的教育生活在我们的文章中呈现出来！

---

① 唐朝：《文稿层次展开八法》，载《秘书之友》，2012 年第 1 期。

# "因此"，一个必须慎用的关联词

论文中常见"因此"二字，行文中无论是归纳还是演绎，都会用到它。在"因此"二字之处，常常可以见出作者的思维高度。

《义务教育语文课程标准（2022年版）》指出："教师应理解核心素养的内涵，全面把握语文教学的育人价值，突出文以载道、以文化文……"因此，语文教师要改变现状走出困境，关键在于学生，只有关注、了解学生，才能有针对性的课堂，才能让学生看到真正的语文，找到学习的主体意识，与语文学科相匹配。

这篇来稿的开头，笔者认为里面的"因此"用得不好。文章用课标来立论，由此推导出自己的论点。从理论到理论的推演未尝不可，但是，课标是一个时期里教育专家们的理论认识经过沟通、协商后达成的高度，具有相对的稳定性，是一个纲领性文件，用它来推论，何以见新意？笔者认为，除非是对课标、大纲进行商榷，否则没有必要大段地引用纲领性文件。课标作为教学行动的指南，应该被教学者烂熟于心，没必要拿出来作为论据。

做纯粹的理论推演是有意义的，其意义在于用演绎推理建构起一种全面而系统的教育理论体系。问题是，作为一线教师，最宝贵的是变动不居、精彩纷呈的教育教学实践。"要促进我国教育理论的解构与发展，当前主要应走经验实证的道路，而不是走思维演绎的道路。通过大量专题型、问题型的实证研究，通过归纳推理的方式构建既具有一定的抽象概括程度，同时又能用经验事实加以检验的'中层理论'[1]，这应该说是一条比较合乎实际的选择。"[2] 因此，笔者提倡中小学教师的论文写作从教师的优势——教学实践一线出发来立论，来贯彻课标的精神。

应该进一步看到，课标是在不断修订的，是与时俱进的，没有百年不变的课标。唯课标是从，不敢质疑，不敢突破藩篱，是教条主义、本本主义的体现，是没有创新精神的结果，是一种唯书唯上的表现。文件自有其高瞻远瞩之处，我们要在深刻领会的基础上不折不扣地执行。但是，在具体的实践中，环境、情况是不断发生变化的，我们不能以不变应万变，而应摸着石头过河，不断地探索新规律、新方法。因此，笔者呼吁，中小学教师论文写作应该从教育教学实践出发！

古人云："缀文者情动而辞发"。这就说明古今文章皆因情而动，它们必然也都是写作者情感的表达。

这个句子里的"说明"二字，其实是"因此"的变种。为什么"缀文者情动而辞发"就"说明古今文章皆因情而动"？这是一种什么逻辑？"缀文者情动而辞发"是刘勰《文心雕龙·知音》里的名句，是对写作动机的一种探究。写作动机是多种多样的，因"情动"而写只是其中的一种，不能以偏概全。

除逻辑混乱外，这个作者还有点食古不化。《文心雕龙》是中国文学理论批评史上第一部有严密体系的、"体大而虑周"（章学诚《文史通义·诗话》）的文学理论专著，是一部经典。经典是专业人士必须熟知的，但是，

---

[1] "中层理论"由社会学家罗伯特·金·默顿提出，主要指能解释发生在某一社会层面的特定社会现象的理论，这种理论与经验事实具有密切的联系，既具有一定的抽象概括程度，同时能用观察到的经验事实加以检验。

[2] 杨小微：《教育研究的原理与方法（第二版）》，华东师范大学出版社，2010年版，第344页。

我们不能只停留于膜拜经典、诵读经典，而应该活学活用经典。

引用名人名言作为论据是可以的、必要的，能够为文章增色。但是，不可不加阐释，贴标签式地以之立论[①]。下面的文章开头是难得一见的好例子：

杜威说："一个有效的反应就是能完成一个可以看到的结果的反应。"教师的教学行为是教师引起、维持或促进学生学习的行为。看教学行为是否有效，首先要看教师的行为是否引起了老师期望的学生的跟进反应。比如，你向学生提出一个需要思考和回答的问题，如果学生思考了，或者答应了，说明你的行为是有效果的；如果学生无动于衷，根本没有反应，你的这个教的行为就是无效果的。

在这段话里，杜威的话仅仅是个引子，引出作者自己的观察与思考。倘若去掉名人名言，作者的论点就显得浅白了。名人名言是对过去经验的总结，而现实情况随时都在发生变化，因此引用名人名言要根据变化了的现实情况和自己的心得加以阐述，这样才会贴切，才不会"隔"。王策三先生指出："古"是不能直接为"今"用的，"外"是不能直接为"中"用的，其间需要经过一系列复杂的过程，并且需要具备许多条件。[②]抹平时间的纵深度，忽视空间的横向度，生搬硬套他人的经验，往往会造成理论与实践"两张皮"。

曾经很长一段时间，我们的中小学教育直至大学教育，实行的是灌输式

---

① 学界有人认为这也是一种正确的写作方法，在由广西教育出版社出版的《中小学英语教师科研论文写作方法指导》的"研究论文引言的写作方法"中，作者把它命名为"引用导入"："引用导入也叫文献导入，即在引言的开首之处引用一句或一段前人研究成果中的话语，以此划定论文的主题和主旨，从而自然地导入文章的正题。这种引用可以是直接引用，也可以是间接引用。在引用的话语之后注意注明所引用文献的出处。引用导入常用于教学理论与教学模式探讨类的论文，其他类型的论文也有应用。由于所引用的一般都是名家、专家的观点，因而引用导入往往能给文章的理论阐述方面增添一些可信度。"在此书的"议论型论文的写作方法"里，作者又把它命名为"引用式"："参考已有的研究成果，引用他人的观点，由此来引出自己的观点，这是表述论点的常用方法之一。采用引用的方式表达观点时，或直接借用所引用的内容表述论文作者的观点，或以引用的内容为引子，自然引出论文作者的观点。"这种观点是值得商榷的。

② 王策三：《教学论稿》，人民教育出版社，1985年版，第78页。

教育，由教师、教科书提供正确答案——无可置疑的"真理"，学生只管死记硬背，理解、接受、运用这些知识。"这种教育相对而言，有利于节约时间，提高效率，但它极大地扼杀了我们的问题意识。"[①] 学生的头脑成为等待灌装知识的容器，而不是需要被点燃的火把，丧失了质疑能力，丧失了探究精神，丧失了创新精神。例如：

在杜威对研究活动加以概括的"科学方法"中，疑难情境和问题就处于前提地位。波普尔认为，科学的发展就是从提出问题到解决问题，再进一步提出问题，解决问题的过程。库恩也把问题看作是科学革命的轴心。因此，问题是研究的起点，也是推动理论和实践发展的契机。[②]

这段话里引用了三个外国名人的观点来佐证自己的论点，笔者认为阵容显得过于华丽了。[③] 外来的和尚好念经，当念"洋经"成为一种时髦时，是否也是一种唯上、唯书的变体呢？

总之，当写下"因此"二字时，不妨停下笔来，检验一下自己的逻辑思维是否陷入了僵固的模式之中。

---

① 但柳松：《浅析教师的问题意识》，载《教育探索》，2008 年第 3 期。
② 陆有铨：《从学位论文看基础教育研究中的若干问题》，载《教育学报》，2008 年第 4 期。
③ 三个人的观点同中有异，可以专文论述。这是另话。

# 开 头

　　论文的开头，如同唱歌的起调，调定得不准，一首歌往往难以完美地唱完；又如上课时的导语，没有好的导语，一堂课往往也会失败。清人李渔曾说："开卷之初，当以奇句夺目，使之一见而惊，不敢弃去。"《国语》中的《叔向贺贫》和柳宗元的《贺进士王参元失火书》都是典范。《古文观止》这样赞叹《贺进士王参元失火书》："闻失火而贺，大是奇事。然所以贺之之故，自创一段议论，自辟一番实理，绝非泛泛也。取径幽奇险仄，快语惊人，可以破涕为笑。"

　　开头是作者经过良久思索，憋在心中很久之后蹦出来的第一句话，理应语惊四座。一方面，话到嘴边，预备脱口而出；另一方面，说出来的话要引起他人的注意，必然要经过一番修饰，因此，古人给好的文章开头起了个美名——"凤头"。"凤头"的要点有两个：一是小巧，二是清新。这自然是精心加工的结果。一个有名的例子就是欧阳修的《醉翁亭记》。据说这篇文章的开头原本是："滁州四面皆山，东有乌龙山，西有大丰山，南有花山，北有白米山，其西南诸峰，林壑尤美。"后来几经删改，才确定为："环滁皆山也。其西南诸峰，林壑尤美。"因此，有人提出开头段的一般写作要求：开头要入题，要接触中心；开头要引人入胜，抓住读者；开头要简洁。[①]例如，来稿《触摸文化名人心灵　点亮生命智慧火花——小议文化名人与中考高分作

---

① 李景隆：《基础写作》，中央广播电视大学出版社，1989年版，第155-157页。

文》，其开头原本是：

从近几年中考满分作文来看，每年有近 30% 的满分作文是与文化名人有关。这些作文扣紧话题，旁征博引，用文化的笔法来解读文化名人，用文化的思辨来探究人生的真谛，以其独特的、诗意的典雅芬芳在中考作文中脱颖而出，频频获得高分。这类作文把文化名人作为写作的素材，在构思上把话题放到深厚的历史文化背景里去审视、探究、比对、碰撞。在文化的积累与沉淀、文化的共享与独思、文化的阅读与创造、文化的思辨与传承中，写出富有文化色彩与浑厚的文化底蕴的文章。

人们把这种开头方式称为"寿星头"：头很大，但身材矮小，给人以头重脚轻、喧宾夺主的感觉。后来，几经切磋，作者把开头改为：

虽然近年来有打压文化作文的呼声，但从这几年中考满分作文来看，每年仍有近 30% 的满分作文是与文学文化名人有关。为什么此类作文能频频获得高分？究其原因是这类作文以熟悉的名人、撼人的故事、闪烁的诗句、精致的语言为文，散发着浓厚文化底蕴的芬芳与独特认知，因此能在相当一部分还"无材可用、无话可说"的中考作文中脱颖而出。这对于生活阅历尚浅的初中生来说是难能可贵的。

这样的开头，使得文章的问题意识突出，其下的行文能围绕这个问题来写，对读者也就有了吸引力。

在具体的写作实践中，文章的开头没有一套固定不变的模式，而应该根据其具体内容采取灵活多样的方式。总的一条原则是：服从于主题的选择，服从于文体的需要。

第一，立论文：开门见山，亮出论点。例如，笔者的一篇短文《关注农村　扶持农村　发展农村——写在"实施农村教师（校长）教育教学能力提升工程"实施之际》：

随着城镇化脚步的大踏步前进，城里的学校越建越多，规模也越来越大，三五千个学生的大校屡见不鲜；而乡下有些学校的学生则越来越少，直到最后关门大吉——被撤并了。如此说来，岂不是乡村学校要灭迹，大家都搬到城里去读书？这当然是不可能的！大家都知道，中国是个农业大国，绝大部分的人口在农村。尽管有部分农民富了，迁居到城里；尽管有部分农民进城务工，把孩子带到城里上学，但是大部分的农村孩子还是留在了农村求学。中国的农村还要长期地存在下去，中国的农村学校也要长期地存在下去。因此，我们要面对现实，潜心研究农村教育。

当前，有学上的问题已经得到解决，而上好学校的问题紧随着浮上了水面。毋庸讳言，大部分的农村学校处于相对劣势：校舍破旧，教学设备简陋，教学资料不足；留不住优秀教师，优质学生被"掐尖"，"留守儿童"缺乏家庭教育的配合……因此，除富裕家庭和进城务工人员之外，舍得在下一代教育上投资的农村人，节衣缩食，也要把子女送到城里就学，送到优质民办学校"熏陶"。优者更优、劣者更劣的"马太效应"就这样在农村学校现形了。这种现象是我们建设社会主义新农村的今天所不容许的，是我们建设和谐社会的今天所不容许的，是我们贯彻落实中国式现代化的今天所不容许的！我们有责任，有义务，也有信心去解决它，消灭它！

我们的政府已经出手了，比如用逐年返还学费的形式鼓励大学毕业生到农村任教，出台城里教师要晋升职称必须到农村支教的政策，率先在农村义务教育阶段实行"两免一补"政策等。2009 年 3 月 27 日，福建省教育厅又下发了《福建省农村教师教育教学能力提升工程实施办法》和《福建省农村校长教育管理能力提升工程实施办法》，花大力气和大成本来搞好农村教育。"城市反哺农村"，这是大势所趋，大政所向。长期以来，城乡二元结构使得天平向城市一方严重倾斜，"城里人"因拥有更多的社会公共资源而成为骄傲的代名词。而今，我们已经有能力纠正这种偏差了，城乡协调发展成为一种共同的社会诉求——"天下大同"本来就是中国人世世代代追求的理想，岂能人为地把城乡二元对立起来？陶行知、梁漱溟、晏阳初……一批批先驱者致力于农村教育实践并取得了卓越的成绩，新的时代呼唤更多新型的教育家涌现。乘时代东风，我们应铆足干劲，聚精会神地提升自身的专业水平！

一般来说，长年在农村教学的教师都是本乡本土的，教的是同族的后代，因此更加责无旁贷地要把学生教好。城里有城里的优势，农村也自有农村的特点。农民朴实、勤劳、倔强、不认输，这应是农村学校教育最可贵的资源，如果把农民的这一特点发挥到极致，那可以说是战无不胜的。《福建基础教育研究》2009 年第 3 期报道的《聚焦"女排十连冠"——记厦门竹坝学校退休教师温文彬》就是这样的典型例子。一所乡下初级中学，连续 10 年荣登厦门市中学女子排球比赛的冠军宝座，凭的就是这股劲儿。在大力倡导校本研修的今天，我们更应该带着一双发现的眼睛，到校园周边，到广袤的大自然里去寻找可供利用的农村教育资源，带出一帮有韧劲、有闯劲、有创劲的孩儿们。

试问一下，上溯祖宗三代，谁不是乡下人？中国是源远流长的农业大国，有着浓得化不开的农业情结，至今仍割舍不断。我们不应该忘记自己的根，进了城的乡下人更应该帮助吾乡吾土的乡下人。直到那一天，优质教育资源得到均衡发展，教育不再有城里和农村的区分，大家共同有尊严地分享改革的成果，齐头并进驶上教育现代化的康庄大道。①

笔者在文章第一段的结句，直截了当地提出论点"我们要面对现实，潜心研究农村教育"，言简意赅。

有人还提出，论文的开头还可以以重要意义引出选题，以阐释概念引出论题，以引用名人名言或重要文件精神引出论题，以设问引出论题等，这些都属于议论文开门见山的写法。

第二，驳论文：树立靶子，精准打击。例如《福建特色的口语交际课该怎么教》：

《人民教育》2004 年第 5 期发表了时任国家督学、山东省潍坊市教育局

---

① 赖一郎：《关注农村　扶持农村　发展农村——写在"实施农村教师（校长）教育教学能力提升工程"实施之际》，载《福建基础教育研究》，2009 年第 4 期。

局长李希贵的《新课程：课堂里的挑战与反思》一文。此文的第一节"难以走下讲台的语文"被同年第6期《教师博览》摘编转载。

## 难以走下讲台的语文

在一个全国性课程改革现场研讨会上，有一节"优秀教师与新课程共同成长"的语文观摩课，课题是初二年级的《口语交际·交流格言》。

执教的是一位中年女教师，看得出来，她教学基本功很好，课上得也很严谨。课堂上浓郁的学习氛围，涌动着的自信，使我们不得不钦佩老师长期以来对学生情感、态度的陶冶。尤其让我感动的是，有的学生敢于对老师说"不"。

学生们带来了好多卡片，上面密密麻麻地写着各自搜集来的格言。虽然教室后面坐满了听课的老师，但大家还是情绪振奋，一个个跃跃欲试的样子，像是在等着上演一台蛮有把握的话剧，丝毫没有一般公开课常见的紧张与压抑。

课从老师的"以身示范"开始，她带来的格言是陶行知的"捧着一颗心来，不带半根草去"。老师显得有点动情，在讲到自己为什么喜爱这一格言的时候，她的眼睛开始有些湿润，语调明显地"慷慨激昂"，语词丰富而又华美。

我有点纳闷，"口语交际"是这样示范吗？老师尽管没有走上讲台，但给人的感觉却像是在高高的讲台上，没有谁和老师"交际"，因为近在咫尺的老师似乎离学生们太"远"了些。

接下来是急着上台的学生，第一位是个男孩，他把自己用毛笔书写的"劳动能乐寿，勤俭可永年"贴到了黑板上。他的语速有点快，语调有些不稳，显然是想赶快完成任务。毕竟是第一个，老师还是高兴地表扬了他。

第二个上台的是坐在我旁边的语文科代表，她写在黑板上的是李大钊的惜时格言："最珍贵的是今天，最容易失去的也是今天。"凭直觉，我断定这是一位有着良好语文素养的女孩。她声情并茂，从讲台上走下来，像歌星一样走到同学们中间，烂熟于心的稿子写得漂亮，朗读得也漂亮，人也长得漂亮，再加上一句流利的英语结尾，博得全场包括听课老师们的热烈掌声。

掌声的热浪似乎把我浇醒：掌声给的是学生？还是老师？还是课堂？我有点搞不清楚：这节课到底是口语交际，还是演讲会？

课上得很顺，师生配合得很默契，那些可爱的孩子们也颇有些"出彩"的地方。显然，老师在备课上下了很大功夫，但对于课程标准的理解却有可商榷的地方。在我看来，至少是新课程一再强调的有关学习生活中的语文、在生活中学习语文的理念，并没有被老师真正接受。对于口语交际来说，有三个要素是不可偏废的，那就是"倾听""表达"和"应对"，而且，特别应该重视的是，交际的过程应该是听与说双方互动的过程，但这些在这节课里都没有。应该倾听的时候，孩子们却在忙着给每一个"演讲者"填表打分，而"应对"则变成了对每一位演讲者的评价。一部分是演员，而另一部分是观众，这种语文教学的模式到什么时候才能结束？语文课什么时候才能够真正从讲台走向生活，什么时候才能够充满学生的真情实感而变得有趣而又自然呢？

我是第三次听《口语交际·交流格言》了，前两次授课者都毫无例外地把交际课上成了演讲课。为什么我们常常把交际课上成演讲课？为什么我们喜欢把语文课上得如此严肃、庄重而又高高在上？

其实，我们早就对这样的语文课习以为常，甚至可以说是麻木不仁了。语文课只是语文课而已，它上演的是阳春白雪，是与生活毫不相干的故事，生活中经常用到的东西不能教，而我们喜欢在课堂上大教特教的东西又偏偏在生活中派不上用场。我不知道这样说是不是太重了些。不过，有一点是可以肯定的，在专门用来进行语言训练的语文课上，我们用于训练在生活中最常用到的听和说的内容的时间，远不如读写所用的时间，甚至，即使看上去是在训练一些听和说的东西，实际上也差不多都带着深深的写的痕迹。

我想起了一个故事：一位旅美华人把孩子送到当地的学校，谁知孩子第一天学会说的话竟然是"我要上厕所"。这使她大为恼火，一气之下，电话上与校长"兵刃相见"，但校长的一句话却把她给"噎"住了。校长说："请你留心一下，你那五岁的孩子最常说的不是这样一些话吗？你认为，你的孩子不需要这样一些话吗？"需要，当然需要，问题在于，我们这位家长上学的时候，语文课一直是在讲台上"高雅"得走不下来，走不向生活。要她马上转到这样一条语文学习的道路上，她感到太突然了。

我又想起了一个故事：一位致力于语言教学研究的老专家，为了弄清儿童不同年龄段不同的语言需求，把录音笔挂到孩子身上，用以搜集、积累、梳理不同年龄的孩子在不同情境中的语言材料，并以此为起点，研究生活中活生生的语言，寻找特定年龄的语言学习规律。我们的语文教学研究，需要的不正是这样的专家吗？我们的语文老师，需要的不正是这样的精神吗？

根据文章的叙述，我认出此文评述的那一堂课我正好也在现场。那是2003年12月1—2日，福建省南安市承办了一场规模大、规格高的全国基础教育改革实验工作座谈会，会议期间，与会的全国各地代表被安排到课改实验基地南安各中小学听课。我随行到南安实验中学听语文课《口语交际·交流格言》。南安实验中学是当地赫赫有名的初中校，创办于国家号召初高中分离办学的时刻，第一批教师是从南安一中分流下来的，都是具有丰富经验的教学能手。那天上公开课的中年女教师更是实验中学甚至是南安市的课改先锋、模范。在课后例行的片区教研活动中，尽管大家提出不少可让这堂课上得尽善尽美的意见，但总体上都给予了高度的评价。后经我整理，该课实录发表在《福建教育学院学报》2003年第12期上。

然而，这一堂课在李文里遭到了严厉的批评。李先生的批评自有其独到的见解，但我认为，我们不能因为他是国家督学、局长，就以为他就是全部正确，我们的老师就是全部错误——像《人民教育》在李文之后配发的评论文章说的那样，发生了"教育哲学"的根本性错误，对课改理念产生"误读""曲解"，"甚至又回到了应试的老路子上去"——这根本是乱扣帽子，乱打棍子！

李文的中心论点我认为是强调要"学习生活中的语文、在生活中学习语文"。而其分论点有两个，一是把口语交际课上成演讲会，缺乏"交际"中的双向交流；二是"看上去是在训练一些听和说的东西，实际上也差不多都带着深深的写的痕迹"。

首先，我想和李文商榷的是第二个分论点。李文为证明自己第二个分论点，举的反面例子有：（1）老师在课的开始引用陶行知的格言："捧着一颗心来，不带半根草去"；（2）第一个男孩贴到黑板上的毛笔字："劳动能乐寿，勤俭可永年"；（3）语文科代表在黑板上写的李大钊格言："最珍贵的是今天，最容易失去的也是今天"。正面的例子有：（1）一个旅美华人五岁的孩子到学校里学到的第一句话是"我要上厕所"；（2）一位语言教学研究专家把录音笔挂到孩子们的身上，以搜集不同年龄段的孩子在不同情景中的语言材料。查《现代汉语词典》，"格言"的释义是："含有劝诫和教育意义的话，一般较为精炼，如……"对照一下，李文举的三个反面例子都是格言，而正面例子，第一个明摆着不是格言，第二个例子，我想绝大多数也不是格言。这里，李先生与授课老师的分歧在于对《口语交际·交流格言》理解的着重点不同：一个侧重于口语交际，一个侧重于格言。因此，我认为，李先生的这个分论点是难以让人赞同的。

我对李先生强调的学习语文生活化的观点持赞成意见，但我要提醒大家注意的是，这里所谓的"生活"是有地域差别的：以中国疆土之大，南方有南方的生活方式，北方有北方的生活方式；而论及语言，其差别可谓天壤。福建本土人对此甘苦自知："福建方言之多、之复杂，为全国罕见，甚至过一个村便无法对话交谈，关键在于这些方言不但在语音上，还在词义上与传统书面语差距极大。如福州话'光棍'是古怪骗人、占便宜的意思，'起动'是恳求的意思，但无法写成书面语言。即使有些方言俚语勉强写成书面文字，或因与原意相左而令人啼笑皆非，或因诘屈聱牙而难以卒读。……中原作家在这方面却有得天独厚的优势，他们的俗话、俚语只要稍一变化，就可成为极生动形象的白话语言。"① 就我所接触到的八闽各地的人，工作之余同一地方的人聚在一起，都爱讲各自家乡的话——包括以传授语言、文化为业的语文教师在内。在课堂里，在工作场所，我们当然有讲普通话的义务，但是，在私人的空间里，人们也有选择自己语言的自由——何况，闽南话有着"中原古音活化石"的美誉。在今天极力倡导文化多元化的国际大环境中，它更有其立足的根据。每一种方言土语都有自己饱含哲理、妙趣横生的"格言"，

---

① 何绵山：《闽文化概论》，北京大学出版社，1996年版，第76—77页。

问题是它们很难转化成普通话。因此，在闽地，要像北方那样，只要观念一转变，就能把"交流格言"这样的"口语交际课"上得富有"生活"味，它需要一个比北方更艰涩的渐进过程，因此，操之过急有时往往欲速则不达。也因此，在我们闽人的课堂里，在"学习生活中的语文、在生活中学习语文"上，无疑碰上一只很大的"拦路虎"，这个问题如何解决，或者说这个"度"如何把握，有待大家进一步探讨。目前，大家正鼓吹建立"闽派语文"，我想，这正好成为"闽派语文"之所以成立的一块基石。

当然，闽方言和普通话也并非截然对立的，在某些时候，二者可以很好地得到转化。原《福建文学》副主编施晓宇先生曾就福州方言做过探讨："福州方言历来是极富特色、极具幽默、极其文雅而且十分生动活泼的一种地方语言，因为福州人多数是西汉以来北方移民的后裔，所以福州方言至今包含并保留许多中原古汉语中的'活化石'。比如福州人至今把'铁锅'称作'鼎'，把'筷子'称作'箸'，把'蛋'称作'卵'……如果听懂了，就会发现福州方言因为'杂交'的缘故，使之益发变得鲜活生动、特立独行起来。比如福州方言把'站'说成'企'，把'新嫁娘'说成'做新妇'，把'何人'说成'底侬'，把'洗一遍'说成'洗一过'等，就显得既生动又活泼……此外，更微妙的是福州方言中的幽默色彩浓郁。比如形容一个人吝啬，说他是'鼻屎当咸吃''一天到晚算盘挂心肝（胸脯）'，或者'陶棺材断滴漏'。形容小孩不听话，说他对大人的话仿佛'蚊子叮牛角'……"[1]

他山之石，可以攻玉。陕西作家贾平凹可谓是擅长活用方言的行家。有学者论道："方言中有许多粗俗之处，贾平凹则有意使之雅化……方言语词有许多形、音、义不确定，有的根本不存在字形，贾平凹凭借自身的语音学、语义学、方言学、训诂学等方面的文化素养，从语言学角度对之加以规范，使音义和谐，字形准确稳妥。……贾平凹的生造词表意基本明晰，构词合乎规律，也符合交际需要，读者能够理解接受，这样经过时间的检验，就有可能进入普通话语汇，这一点也是符合汉语发展的客观规律的。"[2]

---

① 施晓宇：《方言：小说创作的瓶颈》，载《文艺报》，2001 年 6 月 3 日。
② 朱敏：《贾平凹对文学语言的贡献》，载《写作》，2004 年第 17 期。

如何立足闽地，把闽地方言转化为普通话，这也是有待探讨的问题。孙绍振老师在其专著《直谏中学语文教学》中有专章论述口语交际问题，其中有一节"口语和书面语的矛盾和转化"对我们深入探究这个问题有很好的借鉴意义。我这里不过是抛出个问题，解决问题还要专家的指点和基础教育一线老师的努力探索。①

笔者这篇文章的开头就毫不含糊地把"枪口"对准教育界的权威人士，直陈己见，还真有初生牛犊不怕虎的"傻劲"。

第三，研究性论文：做好综述，"竭泽而渔"。这是针对需要经过调研或广泛收集材料、花费较长时间和较大精力、篇幅较长的文章。综述类似学位论文的开题报告，首先要了解前人已经做了哪些研究，研究到什么程度，最近一段时间又出现了什么新情况，有没有进一步研究的需要，有没有"接着说"的空间。这些工作不是研究工作的主体部分，却十分重要。行内的专业人士只要看这部分，就能对文章质量有一个大致的判断：能不能填补"空白"。

例如，有些教师或者校长来稿大谈要如何破解"钱学森之问"，这其实有点蚍蜉撼大树。因为"钱学森之问"之前还有一个"李约瑟难题"。不知道"李约瑟难题"何以谈"钱学森之问"呢？现实问题往往是历史问题的映射，不懂得过去就不懂得未来。"李约瑟难题"是在1944年4—10月间，英国学者李约瑟两次应浙江大学校长竺可桢邀请，为该校学生所做的学术报告中提出的。李约瑟问：除四大发明之外，中国领先于世界的科学发明、发现还有100多种，从公元6世纪到17世纪，世界重大科技成果中国所占比例一直在54%以上，而到了19世纪却一下子降到0.4%，为什么17世纪中后叶之后中国的科技与西方的差距一下子被拉大？答案众说纷纭，有人认为，中国的科举制度与八股文扼杀了人们探索自然规律的兴趣，"学而优则仕"成了第一追求，人们被束缚在古典经书和功名利禄上；中国人太讲究实用，一

---

① 赖一郎：《福建特色的口语交际课该怎么教》，载《福建教育学院学报》，2005 年第 2 期。

些发现仅滞留在经验阶段；中国缺乏宜于科学成长的自然发展观。有人甚至将影响中国科技发展的其中一个因素归因于中国的语言文字，认为拼音文字的文字游戏远不如汉语丰富，使用的趣味性和审美性也大为逊色，于是只好把时间和精力投入到科学游戏之中；汉字属于表意文字，缺少逻辑性，汉字古文字系统难以对科学的描述作出准确的定义和演绎，这严重阻碍了科学氛围的形成和科学技术的传播与发展。[①] 梳理了这些文献，我们才能更好地理解"钱学森之问"。钱学森先生对温家宝总理说：回过头看，这么多年培养的学生，还没有哪一个的学术成就能够跟民国时期培养的大师相比！这个问题具有当下的紧迫意义。中国现在已经成为一个政治大国、经济大国、体育大国，但是仍然未能从制造大国走向创造大国。诺贝尔奖设立 100 多年来，中国却少有人能够获得自然科学方面的奖项，不说苏联、日本和印度，就是阿根廷、巴基斯坦和埃及等国都有人获奖，中国情何以堪？要破解这个让中国人纠结的"李约瑟难题"或"钱学森之问"，是一个沉重的历史问题，远不是一个教师、一所学校力所能及的，甚至不是教育系统所能破解的，而需要多个系统同时发力，一起发挥作用。当然，教育人也不能推卸责任、袖手旁观。

目前，中小学教师做的大多是实践探索，真正基于文献的研究性文章还比较少。不过，随着硕士、博士不断加入中小学教师队伍，此类开头的文章会逐渐增多。

第四，叙述型论文：曲径通幽，水到渠成。有些文章属于叙述型，必须把事情交代清楚，才能说出自己的观点。例如笔者的一篇文章《为"何其芳女士"叫好——观台湾苏兰老师上〈生活是多么广阔〉一课有感》：

2009 年 7 月 3 日下午，台湾名师苏兰在福州市开了一堂公开课。她上的是人民教育出版社六年级下册语文的《生活是多么广阔》一课。苏老师上课伊始，并没有范读或让学生朗读课文（对这篇富有激情的诗作，大多教师会

---

① 王爱莲：《影响中国科技发展的思想文化因素分析》，载《山西广播电视大学学报》，2012 年第 4 期。

这么处理），而是让学生分段。一位学生说分四段，一位学生说分三段，于是苏老师让他们到讲台前来各自说明理由，在这个过程中，苏老师引领学生概括其段意，尤其是厘清第二节与第三节的关系。笔者注意到，在这个过程中，苏兰老师教学重点在于培养学生对篇章的整体把握、概括的能力。

接下来的教学环节，苏老师引导学生对诗作进行改写。苏老师说："何其芳女士认为生活是海洋，同学们认为生活是什么呢？"同学们有的说像宇宙，有的说像花，有的说像游戏。苏老师请他们联系自己的生活实际具体阐释，也就是对诗的第二节"去……"进行改写。我们注意到，在这个过程中，苏老师充分调动学生的生活积累，对文本进行个性化解读，其教学重点在于培养学生善于观察生活，发现生活中的美并表达的能力，即培养学生的个性。

再接着，苏老师带领学生对诗作"挑刺"。她认为"凡是有生活的地方就有快乐和宝藏"这一句里，把"快乐"和"宝藏"像天平两端的砝码并列起来，依她看来是不妥的，"快乐"才是生活的旨归，而"宝藏"不是。她还认为，"去以自己的火点燃旁人的火，去以心发现心"还是不够的，而应该"去将心比心"——我们不但要用自己的热情去温暖他人，去靠近他人，而且要学会设身处地地从对方的立场去看待问题、考虑问题、处理问题，这样我们才能长出自己的"慧根"，更好地与他人和谐相处。笔者注意到，在这个过程中，苏老师一方面对学生进行很好的思想品德教育，一方面又培养学生独立思考的能力和批判的精神。

苏兰老师对文本大刀阔斧的处理大大超乎我们的想象，她真正地把教材当作"一把拐杖"——仅仅是一个例子、一个过渡的工具，其"火力点"聚集于学生能力的培养，聚集于学生这个"人"的塑造。文本在苏老师的手里化作了点化"顽石"的"魔杖"。而在有些老师那里，文本往往是用来"供奉"的"圣经"。

在这堂课里，苏兰老师曾经两次以亲切的口吻提起"何其芳女士"。我们都知道，何其芳不但是个男士，而且是个贯穿中国现当代文学史赫赫有名的人士，随便进入网络搜索，便会跳出数以十万计的资料。何其芳出生于一个生活优裕的大家庭，1931—1935 年就读于北京大学哲学系，1936 年与卞之琳、李广田合作出版诗歌合集《汉园集》，1937 年出版散文集《画梦录》，并获得《大公报》文艺金奖。在诗歌创作上，他自称开始创作时"成天梦着一些美丽的温柔的东西"，较多徘徊于怀念、憧憬和梦幻中，诗作具有细腻、华丽的特色；在散文创作上，他自称"我的工作是在为抒情的散文发现一个新的园地"，文字浓郁缠绵，善于借用新奇的比喻和典故，渲染幻美的颜色和图案。1938 年奔赴延安，自此创作题材和风格走出呢喃自语的、唯美的个人天地，视野豁然开阔，融入到热火朝天的群众革命运动中去。《生活是多么广阔》创作于作者在延安的 1942 年。如果我们联系时代背景来读这首诗，就会发现诗的第二节除前面提到的"去参加歌咏队，去演戏"在当时的延安是较常见的事情之外，其余的"去建设铁路，去做飞行师，去坐在实验室里，去写诗，去高山上滑雪，去驾一只船颠簸在波涛上，去北极探险，去热带搜集植物，去带一个帐篷在星光下露宿"应该都是罕见的事，这些新鲜事也只有何其芳这样在北京大学受过熏陶、见过世面的人蹲在大西北的黄土高坡上才能想象出来。可以说，在那时，诗人就以高度的想象力描绘了新中国建立后万马奔腾的社会主义建设的宏伟画卷。雄奇的想象力具有巨大的号召力，这些"时髦事"对整日扛枪的"兵哥哥"具有无穷的魅力，激起他们革命的干劲，因而诗作不胫而走，很快在青年人中流传开来。新中国成立后，这首诗被收入中学课本；新课改后，这首诗被"下放"到小学课本。

与时俱进地看待问题，我们可以发现，1942 年的诗作第二节里"去……"的那些事儿，对于今天的孩子来说已不再稀奇，激不起他们的好奇心，更甭说干劲。这首诗已经成为"古董"，其中有价值的仅仅是深蕴哲理的第三节："去过极寻常的日子，去在平凡的事物中睁大你的眼睛，去以自己的火点燃旁人的火，去以心发现心。"这一节是对第二节的补充，或者说矫正，提醒人们：过不上激动心弦的日子，只过平常的日子，其中也自有滋味；只要善于发现，愿意走近他人的心，生活自然就会广阔，而不是局促于狭窄的个人天地。其实，这个哲理也并非亘古不变的。当时来到延安的知识分子不自觉地有着某种优越感，常以启蒙者自居，要担负起引领工农兵群众的重任，这就是"去以自己的火点燃旁人的火"的隐喻。在强调主体间性、和谐共处的今天，这样的话语也自有其不合时宜之处。因此我同意苏老师的"挑剔"。我想，何其芳先生也会同意的。早在1955年，他就说："我对这些同志的意见说出了我的不同的看法，完全不是说我这首诗写得如何好，如何没有缺点。不，这实在不过是一首平常的小诗。"①这首曾经激励过一代人的诗，放在今天真的是一首较为平常的诗，只不过它适宜中小学生学习而已。

在某大学自考的网页上，我看到这样一个问题："简析何其芳《生活是多么广阔》独特的思想意义和艺术特色"，其参考答案是，"诗作的思想内容：这是一首解放区新生活的赞歌，充满着诗人对新生活的热爱和积极投身到新生活洪流中的火一样的激情。诗人感到生活就像海洋一样广阔，到处都有'快乐和宝藏'，因而他启发年轻人去发掘人生的宝藏，去选择能够施展自己才华的事业，勉励他们将寻常的生活与伟大的目标结合起来，以艰实的劳动去逐步接近美好的未来。同时，诗人又提醒青年人也要安于'极寻常的日子'，告诉他们只要在'平凡的事物中睁大你的眼睛'，去努力工作和作出贡献，就一定能够感觉和发现：'凡是有生活的地方就有快乐和宝藏'。诗作的艺术特色：本诗运用排比手法表达感情的艺术特点。本诗格调高亢、气势壮阔，迸射出对新生活热切希望的火花，这种艺术氛围与诗作第二节连用15个排比句有着密不可分的关系。这15个排比句描写了丰富多彩的火热生活和诗人想象所及的广阔世界，为我们展示了一幅壮阔的新生活图景。同时，这15个排比句都采用了祈使句式，不仅有力地传达了诗人汹涌起伏的内在感情，而且极富感染力和鼓动性。"这种僵化的教学模式和答案，只能复制出偷懒的、僵化的思维模式，遗患无穷。

为此，我为苏兰的"何其芳女士"叫好！她省去了"作者简介"和"时代背景"，纯粹地进入文本内部，进行个性化解读，一心着意于培养活蹦乱跳的人！②

---

① 宋瑞兰、袁斐:《中学语文课文作者谈课文（初中部分）》，广西师范大学出版社，1984年版。

② 赖一郎:《为"何其芳女士"叫好——观台湾苏兰老师上〈生活是多么广阔〉一课有感》，载《福建基础教育研究》，2009年第9期。

# 递进式

文似看山不喜平，非但文学作品如此，论文亦如此。

论文是研究成果，研究就是钻研。在《现代汉语词典》（第 7 版）中，"钻"的意思是"用尖的物体在另一个物体上转动，造成窟窿"。写论文就是要纵深掘进。论文有了一定的纵深度，自然有层次感。因此，笔者认为，好的论文在结构上要呈递进式，而不是并列式。并列式的文章往往让人一览无余，没有迷住人的魅力。

写文章就要胸中生出一股气，不吐出来就不痛快。比如孙绍振先生的成名作《新的美学原则在东方崛起》，全文 5000 多字，分成三段，前面两段各两三百字，后面就连成一片了。可见作者在写作时那种激昂的状态，使文章一气呵成。文章由此形成极大的雄辩力，逻辑上环环相扣，让人不得不折服。

而并列式的文章结构在逻辑上常常处于松散的状态，把前一个分论点调到后面，把后一个分论点放到前面，都无不可。这样的文章是"熬"出来的，不是从胸中喷涌出来的。要胸有意气，必须长时间地关注某一事物，关心它的成长、变化，久而久之，"气"就自然生成了。

从技巧上说，文章要呈递进式，就是说话不要急，要善于把一句话掰成两句说，而这两句里的每一句又可以掰成两半……直至掰成一个个词，这就是"研"[①]了。对于一些关键词，要细究它的来源：来自古汉语的，是出自哪

---

[①] "研：细磨。"见中国社会科学院语言研究所词典编辑室：《现代汉语词典（第7版）》，商务印书馆，2016 年版，第 507 页。

一本古籍；来自外来语的，是出自哪一国语言，谁翻译过来的，什么时候翻译的，起初翻译成什么，后来又演化成什么。不要似懂非懂地套用一些时髦的术语以欺骗自己吓唬别人，这样于事无补，制造的不过是学术垃圾。喜欢搬弄大概念的人，其实是思想的懒汉，他们的心智没有真正活跃起来，他们的思想没有开始驰骋，因而只能套用一些貌似高深的概念、术语来掩饰自己思想的苍白。比如，有人在来稿中写道："创立了微笑教学法和激情教学法，授课时注重和蔼可亲，声情并茂，以情感人……"笔者在编辑中就把"创立"二字改为"积极探索、实践"。"创"即"开始（做）；（初次）做"之意，是前无古人的，但笔者不认为"微笑教学法"和"激情教学法"在此之前没有人探索、实践过。

有些名家的文章是不可学的。比如任勇的《我教数学的"土"经验》，文章共列举了24条经验。这是任勇老师在回顾自己前半生的教学生涯时的总结性文章，是一本大书的框架，他无私地一箩筐端出来。刚入职的、未成名的教师千万不能这样写，最好只写一条经验，把这条经验说清楚、论证明白。毛泽东说："伤其十指不如断其一指。"做事如此，作文亦是。请看例文《语文阅读教学与创造性思维的培养》：

语文教学中培养学生的创新思维能够提高学生分析问题、解决问题的能力，促使学生的智力得到发展。阅读教学作为现代语文教学的一部分，承担着培养学生创造性思维的重任。那么，在阅读教学中，如何培养学生的创造性思维呢？

### 发散思维能力的培养

中学语文课本中有许多内容，它们的主题思想、表现手法、艺术风格等方面体现出独树一帜、敢于超越前人的发散思维。

如刘禹锡的《陋室铭》，通篇只有81个字，但作者却能够从逆向思维出发，开宗明义地提出"山不在高，有仙则名。水不在深，有龙则灵"，被千古传颂。文中所体现的发散思维也堪称代表。

在这里，作者运用发散思维为它注入深刻的思想内涵。

再如上《愚公移山》这一课，在讲愚公移山的精神时，如果直接灌输给学生，要求他们要学习愚公的精神，课堂就一点儿也不会活跃，因为学生思维被束缚，被"愚公精神"左右了思想，这样根本不利于培养学生的创造性思维。

我认为要培养学生的创造性思维，就不能局限于课本，还应引导他们讨论一些课本以外的东西。例如，《愚公移山》这一课，除了引导学生学习愚公移山的坚定信念和锲而不舍的精神，还要结合时代、实际，问学生一些极易展开、极易发散的问题，让他们展开讨论，大胆发表个人观点，这样学生的思维才能得到锻炼，我们的教学才富于教育意义。如可提这样的问题："要是愚公生活在我们这个年代，你们觉得他的做法妥当吗？你有什么好的建议？"学生立即畅所欲言，或说愚公太笨，不应该挖山，他是小题大做，徒劳少益；或说不如直接在山脚打一隧道，既省时又省力，原来要百年才完成，现在只需十年，进出也方便了；或说挖一座就行了，为什么偏要两座一起挖呢；或说愚公的做法虽然方便了自己，却毁掉了也许可被列入世界遗产的名山……（这里面有些属于乱发散，因为不懂得寓言的文体特点。）

所以，培养学生的发散思维，在引导学生吃透问题，把握问题实质的前提下，关键是学生能否打破思维定势，改变单一的思维方式，从问题的不同角度、不同层次、不同方面进行顺向、逆向、纵向或横向的灵活而深入的思考，从而获得众多方案或假设。

### 直觉思维能力的培养

直觉思维是指不经过一步一步分析而突如其来的领悟或理解。很多心理学家认为，它是发明创造的先导，也是百思不解之后突然获得的硕果，在发明创造的过程中具有重要的地位。物理学上的"阿基米德定律"是阿基米德在跳入浴缸后，发现浴缸边缘溢出的水的体积跟他自己身体入水部分的体积一样大，从而悟出了著名的比重定律。中学语文课本中就有很多这方面的案例。如《邹忌讽齐王纳谏》，看似讲的是邹忌与城北徐公比美的故事，实际上是写邹忌如何通过直觉思维而发现一条治国的重要哲理。直觉思维还与我们的日常生活有密切关系，如"5·12"汶川地震，在房屋摇晃震动的一刹那，只能运用直觉思维，凭直觉、凭经验，在瞬间作出判断，迅速逃走。阅读中的直觉思维是指不经过明显的推理过程，而是凭已有的知识经验对课文材料进行迅速、直接的感知、理解和整体上的判断、把握。如小说的伏笔、铺垫，直觉思维强的同学一眼就能发现并由此推断情节的发展、结局，从而缩短判断的过程，迅速、准确地领悟小说的内容，创造性地进行分析和理解。我们很难想象一个对逻辑推理一无所知的人能够对一篇文章的推理错误作出直觉的判断，也很难想象一个对诗词常识一无所知的人能够出现诗词创作的灵感。

### 逻辑思维能力的培养

逻辑思维是创造性思维过程中的一个不可缺少的要素，这是因为直觉思维中创造性目标的最终实现都离不开逻辑思维的指引、调节与控制。如阿基米德在洗澡时发现水面上升的体积与他身体浸入部分体积之间的内在关系，固然是由直觉思维产生的顿悟，但这种顿悟并非凭空而来，而是跟他事先的逻辑分析、推理分不开。在阅读教学中，我们应尽量利用学生已有的知识以及课本内容的内在联系让学生进行逻辑分析、推理，以便对某些问题进行分析和解答。另外，在进行阅读教学时，我们不妨引导学生做一些破常规的比较，让他们在比较阅读中分析作品的异同。比如，教莫泊桑的《我的叔叔于勒》，我们会想到将作者的另一篇小说《项链》与之比较，因为这属于同主题的比较，都讽刺了拜金主义和虚荣心。其实《我的叔叔于勒》也可以与《范进中举》比较，虽然各有主题，但我们也可以感觉到，在私利、金钱、权势面前，人性的弱点往往暴露得最为充分，为私利忘恩负义，为金钱手足似陌路，为权势脸有双面；相反，在利诱面前，能岿然不动的人，其难得就不言而喻了。再联系孟子的《鱼我所欲也》，学生或许会对"舍生取义"的道德追求肃然起敬，理解得更深。

比较阅读，可以引导学生使自己的逻辑思维延伸，进入深层，到达新天地。

### 辩证思维能力的培养

在中学课本中，运用辩证思维的例子很多，如《邹忌讽齐王纳谏》《曹刿论战》以及刘禹锡的诗作等，都包含深刻的辩证逻辑思维。若能很好地运用这些教材，将会对学生创造性思维能力的培养发挥不可估量的重要作用。

比如，在教《陋室铭》时，作者用陋室环境优美（"苔痕上阶绿，草色入帘青"）、室主人交往人物不俗（"谈笑有鸿儒，往来无白丁"）、室主人生活情趣高雅（"无丝竹之乱耳，无案牍之劳形"）来衬托陋室不陋，从而突出主人的德馨。这一课结束时，我给学生布置了这样的作业：室主人的"往来无白丁""无案牍之劳形"在今天看来有没有其不好或消极的一面？学生立即讨论起来并很快认为：他有点自视清高，瞧不起平民百姓，他不愿为社会的发展承担责任、作出贡献，这些都是不可取的，如果人人都像他一样，那社会就不会和谐，也不会发展。正是这种辩证思维的运用，学生得到课文以外的东西。

### 想象力的培养

想象力是人类运用储存在大脑中的信息进行综合分析、推断和设想的思维能力。在思维过程中，如果没有想象的参与，思考就会发生困难。我们教学，不仅仅是让学生学得新知识，掌握一些技能，更为重要的是发展个性，丰富想象，激励创造力。语文教材中，有些文章为学生的想象提供了一些可供想象和补充的材料，是培养和丰富学生想象力的好素材。比如，教学《孔乙己》后要求学生延续故事"孔乙己离开咸亨酒店以后"，教学《范进中举》后让学生续写"范进中举后"。学生必会展开丰富的想象，写出不同的故事来。再如，《窗》中那位不靠窗的病人终于得到梦寐以求的床位后，看到窗外只是一堵光秃秃的墙，这时，他会怎么想、怎么做呢？我让学生展开想象进行续写，学生写出了精彩的、富有思想内涵的不同故事来：

续一：

他终于明白了一切，他的脸白得像一张纸，他呼吸急促，一下倒在床上……查房的医生发现后，平静地把他抬出去。不过不知道为什么他两眼睁得大大的，一只手指着窗外。

续二：

不久，又一个重病人住进来，睡在他原来的那张床上，于是原来的故事便再次在这间屋里演绎。

续三：

他心里猛地一惊……此后，他积极配合医生治疗。终于他出院了，他勤奋工作，攒了一大笔钱。两年后，他买下了墙外那块地。在那儿建了一座真正的公园，公园里有一泓湖水，有随处可见的玫瑰花，五彩斑斓、争相斗艳的牡丹和金盏草，有网球场、草坪……总之，病友曾经描述过的景物在这个公园里都能找到。

这些续写不但体现了语文的人文价值，而且反映出学生惊人的想象力和创造力。学生的创造性思维也得到了培养。

总之，阅读课上老师只有树立"创造性思维"的培养意识，充分发挥阅读教学培养学生的创造性思维得天独厚的有利条件，适时加以点拨，灵活处理，才能提高学生的阅读水平和创造性思维能力，促进学生个性的生成和发展，使学生真正成为具有创新精神和创新能力的人才。

在这篇文章里，作者试图论述在语文阅读教学中培养学生的创造性思维。而创造性思维包括发散思维能力、直觉思维能力、逻辑思维能力、辩证思维能力和想象力这五个方面，真是过于宽泛了。这种写法其实可以写成一本书，而不是一篇小论文。

当你发现自己的文章呈并列式时，就应该重新考虑一下文章的谋篇布局，做进一步的"钻"与"研"。

# 并列式

夏日在公园里赏荷，娇艳的荷花令人赏心悦目，这其中有婀娜多姿的身影，有红绿相配的颜色，有沁人心脾的清香，而最引人注目的，是那协调、匀称的花朵。从荷花的花朵中，我们可以学习到写作的技巧。

首先，每一个分论点要围绕中心论点。如同每一片花瓣都朝向花盘一样，每一个分论点都不能各自为政、自行其是，而要统一协调，要找到一个与中心契合的点，之后才能展开论述。当然，文无定法，围绕中心论点的方法多种多样，可以明合，也可以暗合。例如，《福建基础教育研究》2010 年第 8 期刊登的福建师范大学附属中学林霞老师的《新课改下如何提高高中生物课堂提问的有效性》，其中第四部分"提高高中生生物课堂提问有效性的建议"中的各个小标题，就都是围绕这部分题目来设置的：

1. 创设问题情境，激发学生主动学习
2. 根据教学目标，面向全体学生预设问题
3. 逐步引导思维深入，注重提问的层次性
4. 抓住思维的火花，注重问题的生成性
5. 掌握课堂提问的技术，优化提问的方式

而来稿《探究性作文教学的点滴体会》的第二部分"探究性作文教学的实施策略"中的各个分论点就不统一：

1. 确定主题时要充分尊重学生的个体差异，体现人文性

2. "探究性作文"既要源于课本，又要高于课本

3. 自主合作，突出主动

    这是一种最常见的病例。如果给上面的各分论点添加主语，就会发现其主语是不一致的，有的主语是教师，有的则变成学生。文章各层次的分论点指向不明，所以中心不能突出。

    其次，每一个分论点要明晰。就像盛开的荷花，每一片花瓣都饱满一样，每一个分论点都要鲜明，不能含糊。与文学作品讲究主旨蕴藉不同，论文写作应尽量做到主旨明白，一看就懂。要做到这点，关键是要写好段旨句。与提炼文章的题目一样，段旨句也必须经过严格的提炼。段旨句是整段的中心，写作者唯有把它确定下来，牢牢把握住，在写作中就可以之为中心铺陈，在展开的过程中就不至于把话说到别处去，或者放开去也能及时收回来。而对于读者而言，他们可以一目了然，看出这段的中心是什么，不用猜测、揣摩就能理解作者的原意，这给一些读者的浏览和快速把握全文的内容提供了方便。段旨句的恰当运用，可以收到表达内容明确、层次清晰的显著效果。例如，《福建基础教育研究》2013 年第 4 期刊登的厦门新店中学陈金塔老师的《校园法治文化建设刍议》，其各分论点的设置就很清晰：

1. 在学科教学中建设法治文化

2. 在宣传上建设法治文化

3. 在专题教育上建设法治文化

4. 在社会实践上建设法治文化

    而像来稿《初中语文教学与小学衔接的问题与对策》，里面的两个分论点就不够明晰：

1. 用爱去宽容，善待学生

2. 做好小学和初中的语文教师的双向沟通

（1）学生习惯养成方面的沟通

（2）着眼于学生长远发展目标的沟通

（3）开展内容清晰、目标明确的教研活动

就这篇文章而言，其实可以删去第一大点，只保留第二大点，然后将其挖深、挖透，文章的题目则可以改为"师生双向沟通，初中语文教学与小学衔接策略探究"。以第二大点为主旨，把其三个小分论点充分展开，才能给人留下深刻的印象。写文章不能像打水漂，只在水面轻轻地碰一碰就滑过去。

再次，各个分论点力求句式相同，字数相等。一朵漂亮的荷花，其中的每一片花瓣的大小、形状都是相似的，一篇好的文章，各个分论点也应该尽力做到整齐，以达到美观的效果。此时应充分发挥汉语文字的优长，向古诗词尤其是其中的对偶句学习，在词性、平仄、韵律等方面下功夫，追求文章最大的审美效果。另外，各个分论点在展开论述时，也要尽可能做到字数相等——至少不能相距太大，这样在整体观感中才有匀称的美感，而不会给人一腿长一腿短的印象。子曰："言之无文，行而不远。"一篇文章如果能够做到文质兼美，就可能流传久远。例如，《福建基础教育研究》2011 年第 7 期刊登的宁化第六中学林榕老师的《养护学生灵性　构建生命化课堂》，其各分论点就有一种整齐的美：

1. 出现了"深刻的片面"

2. 引发了思维的碰撞

3. 引向思维水平的提高

而来稿《让"文"笔在茶园飘香》的结构则显得杂乱无章：

1. 长篇短章，词汇先行

（1）提供阅读对象

（2）激发阅读兴趣

（3）指导积累词汇的方法

（4）小练笔，活用累积的词汇

2. 立足生活本源，发现乡村之美


这篇文章的第一大点与第二大点毫不相干；第一大点分次级分论点，而第二大点则不做细分，显得不匀称；第一大点的四个小分论点的逻辑联系也不够紧密。

最后，按分论点的主次关系排列，把重要的放在前面。实际上，我们不可能无穷尽地对一个问题进行追问，同样的，我们也不可能无穷尽地对一个事物展开论述，因此，要把自己最有体会、最有话说、个人认为最重要的放在最前面，这是由心理学上的"首因效应"决定的。例如，《福建基础教育研究》2013 年第 4 期刊登的南安市实验中学陈照星校长的《围绕十项工程加强教师队伍建设》，其各分论点的主次就十分明晰：


1. 构建"和谐工程"，营造和睦舒畅的精神家园

2. 构建"师德工程"，建立敬业爱生的师生关系

3. 构建"读书工程"，传播鲜活滋润的书香气息

4. 构建"青蓝工程"，形成互学共进的师徒机制

5. 构建"骨干工程"，发挥中流砥柱的中坚作用

6. 构建"名师工程"，健全权责相符的管理制度

7. 构建"研训工程"，提升合作互助的研究质量

8. 构建"科研工程"，提高实践创新的发展能力

9. 构建"特色工程"，探索实用有效的实践方式

10. 构建"保障工程"，健全优质服务的支撑体系


而像上一节列举的来稿《语文阅读教学与创造性思维的培养》，既谈到发散思维能力，又谈到直觉思维能力、逻辑思维能力、辩证思维能力和想象

力，胡子眉毛一把抓。再看其结尾："总之，阅读课上老师只有树立'创造性思维'的培养意识，充分发挥阅读教学培养学生的创造性思维得天独厚的有利条件，适时加以点拨，灵活处理，才能提高学生的阅读水平和创造性思维能力，促进学生个性的生成和发展，使学生真正成为具有创新精神和创新能力的人才。"完全撇开了所谈论的五个分论点，泛泛而谈，没有主次，东一榔头西一棒子，无法有力地收束全文。

并列式的结构方式最忌讳的是各分论点在表面上滑行，看起来似乎各方面都谈到了，但是谈得不深不透。例如来稿《润物细无声——浅谈作文教学中的爱心批语》的结构：

1. 启发式批语
2. 表扬式批语
3. 劝勉式批语

这就是毛泽东同志在《反对党八股》中所批评的，像开中药铺，抽屉式的，把各种材料往各个抽屉一放就了事。再看其结尾："爱是一个永恒的话题。'教育是爱的事业，爱是教育的基础'。'爱心'是人类的美德，是人们情感交流的纽带。让我们用'爱'去对待我们的学生，把爱心融入作文批语中。让教师真诚而温暖的关爱产生一种积极向上的感情动力，增强学生创作的自信心，使师生情感交流得到升华，最终点燃学生智慧的火把，推动着整个教学的向前发展。"显得浮华、空洞又无力。

在写作教学中，我们倡导文章的结构呈递进式，层层掘进，给人以"无限风光在险峰"的探奇感。但是，在写作实践中，我们运用最多的还是并列式（有人还提出"总—分—总"式，但其中的"分"终究不外乎递进式或并列式）。因此，可以说，并列式是一种最基本的文章结构方式。这种结构方式看似简单，实际操作起来难度却不小，一不小心就可能露出破绽，流于粗糙。

# 结　尾

　　明代文人谢榛说：“结句当如撞钟，清音有余。”清人李渔说：“收场一出，即勾魂摄魄之具，使人看过数日，而犹觉声音在耳、情形在目者，全亏此出撒娇，作‘临去秋波那一转’也。”清末的林纾说得更绝：“为人重晚节，文章看结穴。”诸多文人都强调文章结尾的重要性。

　　文章的结尾一般有下面几种方式。

　　第一，收束全文，点明主题。这是文章结尾最惯用的方式，也是最重要的功能，如同大合唱时的指挥家，要以一个坚决的手势，引导大家同时收音。这种方式的结尾段常以“综上所述”“总之”等词开始。文章由问题入手，一步步推演，如波涛汹涌，一浪接着一浪，最后其中心也就水落石出了。例如：

　　　　我之所以提这个问题，是有感于许多教师不懂教参文章与具体教学的区别，不肯自己下功夫，做转化的工作，而直接把教参抄下来，作为教案。这样的偷懒，是许多课堂教学偏深偏多、师生都消化不良的一个重要原因。[①]

　　钱理群先生在这篇文章中引用了几封和中小学教师往来的书信之后，点明并强调了自己想要表达的主要观点，目的在于加深读者的印象。

---

① 钱理群：《和中小学教师的通信（二）》，载《教师月刊》，2009 年第 2 期。

而有的结尾是以呼应开头来点明中心的。这样的结尾不能是简单地对开头进行重复，而要进一步强调或深化中心论点。这样的要求不容易做到。但是，我们可以变换一下角度，或者变换表达的句式。例如，《在追问中逼近数学的本质：听特级教师陈士文执教〈认识比〉有感》的结尾则写道：

追问，是一种求知若渴的态度；追问，是一种严谨求真的精神；追问，是一种善于学习的能力。只有在不断地追问中，我们才能逼近数学本质，接近科学真理；也只有在不断地追问中，我们才能发展自我、超越自我、完善自我。①

这个结尾实际上是对其开头"逼近数学的本质，从而使知识得到发展，智慧得到生长"这句话的同义反复，写得并不算好，但也能做到收束全文，点明主题。

第二，意尽言止，贵在求实。即文章要自然而然地结束，不要狗尾续貂。唐朝祖咏有一首诗是考场作文，叫《终南望余雪》，考题要求写一首六韵十二句的五言长律，可是祖咏只写了四句就交卷了。考官要求他重写，祖咏认为这四句已经把意思表达完整了，但因为没有满足当权者的要求，他最终未上榜。可是这首诗流传至今，被清代诗人王渔称为咏雪最佳作。苏东坡说："吾文如万斛泉源，不择地而出。在平地滔滔汩汩，虽一日千里无难。及其与山石曲折、随物赋形而不可知也。所可知者，常行于所当行，常止于不可不止，如是而已矣。"这是一种很高的作文境界，非大家不能至也。文章是用来达意的，意已尽，则戛然而止，干脆利落。

有人还提出"展望法"，笔者认为可将其归于此类。因为论文一般是讨论问题、解决问题的，讨论完问题后，必然要提出解决问题的办法，这些办法就是对问题的发展趋势进行预测，寄希望于未来。例如，《基于积极心理

---

① 王卫东：《在追问中逼近数学的本质：听特级教师陈士文执教〈认识比〉有感》，载《新教师》，2012 年第 10 期。

学观点的青少年网络使用研究》的结尾部分的小标题就叫"结论与展望"：

> 青少年心理发展的积极品质，如自尊与自信、道德与亲社会行为、心理弹性与意志等，可以在网络空间内培养。信息时代青少年的积极心理品质应该突破现实空间的限制，充分地体现鲜明的信息时代特点。网络作为信息时代的一个鲜明特点，可以通过网络游戏、网络学习、网络讨论、信息检索、网络聊天等功能推动青少年获得积极心理品质。青少年的积极心理品质可以在积极环境下得以健康地培养。因此，家庭、学校与社会建构的信息素养水平，就更有可能推动青少年心理资本的增加。积极心理学观点下的青少年网络使用研究有助于他们适应网络时代的生活与学习方式，有助于提升他们的心理发展质量。[①]

第三，辩证思维，严谨周密。这又叫"补余法"。如前所述，文章不可能面面俱到，也不必要面面俱到，因此有必要在结尾作一个补充说明，使整篇文章逻辑自洽，自圆其说，而不漏洞百出，给人留下攻击的空隙。俗话说："编筐编篓，重在收口。""收口"至关重要，收不拢，则前功尽弃。例如，《五步，让学生获得基本思想》一文的结尾：

> 诚然，培养学生透彻领悟并灵活运用数学思想方法，不是一堂课所能达到的效果。教师要在平时的教学过程中牢固树立目标意识，围绕数学思想方法为核心开展教学，在数学知识与数学思想方法之间建立有机的结合链，跨越渗透，拓展途径，系统运作，讲求策略，循序渐进，综合运用。[②]

这篇文章以一堂课的教学展开过程来进行剖析，介绍如何通过五个步骤让学生获得数学思想方法。在文章结尾，作者略表谦虚，不把自己的方法

---

① 宋耀武、李宏利:《基于积极心理学观点的青少年网络使用研究》，载《教育研究》，2013 年第 3 期。
② 陈敬文:《五步，让学生获得基本思想》，载《新教师》，2012 年第 1 期。

当作一种放之四海而皆准的绝对真理，而反思了这种方法所能达到的有限高度。这要求作者必须具备辩证思维的能力，能全面地看待问题，既要从正面论述问题，又要从反面思考问题，无限拔高自己。

第四，由此及彼，由点及面。这又叫"扩展法"。通过剖析一种典型案例，推导出一种普遍现象、普遍真理。这也是文章深化中心的一种很好的方法，它使得文章不局限于一事一地一人，如同国画中的渲染法，在宣纸上点一滴墨，让它自然地洇开来，达到很好的效果。例如《今天我依然愧对先生》一文：

先别去说我们的敌人是如何否定历史的吧，我们先反省一下：我们是如何对待自己的历史的？远的不说，就说新中国60年吧——在这60年中作出贡献、作出牺牲、受过冤屈、受过迫害的人，我们都公正地记载和评价了吗？①

这篇文章是悼念陶行知先生的，但是文章结尾由陶行知所受到的历史评价谈开去，讲的不仅是陶行知一个人，而是一大批人，因而文章发人深省，意蕴悠远。

第五，趁热打铁，鼓舞抒情。在文章结尾发出号召，鼓励读者行动起来，为作者提出的奋斗目标而努力。这种行文方式带有很强的抒情性，因此一般会大量使用感叹号。例如《导学的三重境界》的结尾：

学生从课上收获的不只是语文的知识和能力，更为难以忘怀的是文化的浸润，情操的熏陶，精神的洗礼，灵魂的震撼！这样的课，这样的语文，确实是一种莫大的享受，一种挡不住的诱惑，学生不爱也难。日积月累，学生定会萌发对语文的向往与追求；在艰辛的探索和成功的体验中，不断感受语文的魅力，增强对祖国语言文字，进而对中华民族博大精深的灿烂文化乃至人类文化的认识和挚爱，从而把学习语文作为一种愉悦的享受，乐此不疲。这该是一种多么美好的境界！②

---

① 李镇西：《今天我依然愧对先生》，载《教师月刊》，2009年第2期。
② 王中敏：《导学的三重境界》，载《新教师》，2012年第1期。

一般来说，这种抒情性的写作方式更适用于政论，而不适用于学术论文。因为学术论文是用来说理的，要求客观冷静、有条不紊、以理服人。切记，一定要把学术论文与抒情散文、政论文区别开来！

以上列举了论文常见的结尾方式，下面是文章结尾常犯的几种错误。

第一，自称限于篇幅不能详述。的确，言长纸短，我们可以无限地追问，无尽地阐发，因此不能不提炼自己的论点，精简自己的篇幅，给出有力的结尾。自称因篇幅所限而不能详述的结尾，毫无意义，而且有忽悠读者之嫌。例如：

本想对王教授的其他观点谈谈看法，但因篇幅和时间的关系，待后再谈。

在编辑过程中，笔者没有与作者商量，就直接把这句话删掉了，因为它属于无用信息。

第二，过于自谦的结尾。谦虚是一种美德，尤其是在学术平台上发表意见，更不能自以为是，把自己当作真理的化身。但是，这种谦虚是在行文的商榷口吻与委婉的表达中体现的，没有必要特别说出来。过于谦虚就会变成一种不自信的表现，反而削弱了自己说理的可信度。尤其在结尾，应当简洁有力，让读者感到论文作者对自己的研究成果充满自信。例如：

以上就是我对教学中的合理猜想问题的一些粗浅认识和体会。[①]

这是一篇长文，从题目和结构上来判断，这应该是一篇不错的文章，可是这个结尾却可能败坏读者的好感。作者没必要在文章结尾做自我检讨，导致失去了学术论文陈述事实与成果的客观性特色。

第三，过于自大的结尾。人们在思考、观察事物时，都带有强烈的感情色彩，在研究、写作的过程中亦如此，越是研究，越觉得自己这个问题十分

---

① 陈运强：《合情猜想初探》，载《江苏社会科学》，2006 年第 S1 期。

重要，不知不觉就越强调自己的这个问题了。例如：

实践证明在物理教学中教师赏识他们，关爱他们，因材施教，开展个性化教育，唤起他们的求知欲与上进心，帮助学困生真正走进学习，成为积极的学习者，学困生转化的问题也就迎刃而解了。[①]

实际上，教育是一个非常复杂的过程，其影响因素千丝万缕，除教师的因素之外，还有班级、学校、社会、家庭，以及智力因素、非智力因素等，因此仅物理教师一个人的课堂教学的努力，就能使"学困生转化的问题迎刃而解"，这就变成神话了。这里的表述必须加以诸多限制，才够严谨，才能符合客观实际。在写作进入尾声的阶段，需要我们从深入的研究中跳出来，以旁观者冷静的态度去重新审视问题。

第四，表决心式的结尾。学术论文是用来探讨问题的，而问题往往是复杂的、两难的、不好解决的，需要在长期的、耐心细致的工作中慢慢探索。因此学术论文不像行动的决心书，列出个一二三，喊喊口号就能解决。这样解决问题的办法往往是简单粗暴的，必将留下很多后遗症。表决心式的文章结尾就像贴膏药，往伤口上一盖，以为万事大吉，实际于事无补。例如：

让我们记住著名诗人流沙河的诗句吧："理想是石，敲出星星之火；理想是火，点燃熄灭的灯；理想是灯，照亮夜行的路。"语文教师作为人类灵魂的工程师，更要发挥自身的优势，尽可能地把语文上成一门最丰富的课程，一门最有潜力的课程，一门最具人文性的课程，塑造更多的有着优秀的人格魅力和伟大志向的学生，让他们成才，成为有文化、有理想、有道德、有纪律的优秀人才。

这样的结尾虽富有诗意，但细究起来，是苍白无力的。

------

[①] 张维榕：《浅谈高中物理教学中学困生的转化问题》，载《福建基础教育研究》，2013 年第 2 期。

文章的结尾与开头同样重要，就像在杂志上做广告，封面和封底的广告费是最昂贵的，其位置能吸引更多的注意力，决定了其更重要的价值。因此写论文不可忽视结尾，否则可能文章的正文论述得不错，却因草草了事的结尾而大打折扣。

# V

—

**修改篇**

鲁迅说："写完后至少看两遍，竭力将可有可无的字，句，段删去，毫不可惜。"毛泽东主张："重要的文章不妨看它十多遍，认真地加以删改"。到底要改几遍？一个简单的标准是：改到暗地里觉得"天下文章我第一"！

# 语　言

　　语言是文章的材质。一件衣服，无论款式多么新潮，倘若材质不好，也显示不出它的高贵。绵密、细腻的材质，看起来华贵而不是华丽，摸起来手感柔软，穿起来熨帖。好的论文语言，应有如绸缎一般的质感。

　　论文的语言不同于政治的语言。论文的语言是学者的语言，讲究客观、冷静、辩证，不同于政治语言的慷慨激昂、气势夺人。笔者认为，在论文写作中，排比是"不好的"修辞手法。排比这种修辞手法的最大特点是以排山倒海、一波接着一波的气势去感染人、说服人，让人在不知不觉间被折服。这种气势的背后，是真理在握的王者风度。可是，学者常常对"真理"持一种质疑的态度，他们认为没有永恒的真理——所有的真理，都是在特定时空下的真理。例如，牛顿在亚里士多德、伽利略等人的理论基础上创立了经典力学，而爱因斯坦在颠覆牛顿的经典力学基础上创立相对论，现代物理又在突破爱因斯坦的相对论基础上往前推进……"知识的真理性总是相对的。从自然科学到社会科学，到人文科学，不同领域的知识的相对性、主观性不断增强。"[1]也就是说，真理并不是本质的客观存在，而是幽微的、难于把握的，必须艰难地进行探索，所以学者总是表现出一种言说的困难，欲言又止、犹犹豫豫，表现出来的语言风格是迂回的、委婉的、冷峻的。在学术推理过程中引进没有经过辨析的价值命题，从而"逻辑地"得到自己想要的学术结

_____

[1]　鲍道宏：《现代教育理论——学校教育的原理与方法》，华东师范大学出版社，2011年版，第131页。

论，这是"政客"惯用的"学术研究"伎俩。真正的学术研究要谨守"价值中立"的原则，"如果研究者犯这样的低级错误，就是学术道德问题，不能享受学者的尊荣"①。政论语言与学术语言的区别在于隐藏于文章深层的态度与价值观。

论文的语言不同于文学的语言。文学语言以情感感染人，以形象打动人，而学术语言以理性说服人。文学语言嬉笑怒骂皆成文章，喜则心花怒放，悲则呼天抢地；学术语言却常常不动声色，如刀子一样，一层一层地剜进去，直抵事物的本质。构思文学作品时，调动的是自己的情感与想象，要让自己的情感达到饱满的程度，把想象发挥到极致，先感动自己，然后才能去感动别人；构思论文时，则必须调动自己的理性思维，对研究对象的方方面面进行深入思考，注意控制自己的情感态度，不能因为自己的情感倾向而对事物的观察与思考产生偏差；行文时则要注意控制偏激性的语言，以免给人以不够客观、冷静的印象。梁启超在进行学术写作时"笔端常带感情"，然而，后人已认识到这种写作方式的弊端。文学语言与学术语言的区别在思维方式上有不同。例如，"春天，我组织学生来到公园找春天，让他们观察草儿怎样生长，柳絮怎样飞，蜜蜂如何采蜜，蝴蝶如何飞舞；艳阳高照的盛夏，我让学生走到郊区农村这广阔的天地感受生活的气息，看一片片黄澄澄的麦子笑弯了腰，听丰收年里农民爽朗的笑声；秋天来临之际，我又和学生们一起去爬山，让孩子领略'无限风光在险峰'……"这段文字说的是作者善于引导学生去观察生活、体验生活。但是，它过于追求句式的整齐，虽然很漂亮却显得虚假。作者不如抽取其中一个，如详细地描述引领学生"观察草儿怎样生长"单项活动的整个过程，更能说明问题。再如，江苏省教授级中学高级教师冯卫东曾写了《论"自学·议论·引导"教学法的基本原理与操作要义》一文投给《课程·教材·教法》，该刊编辑李冰在肯定其优点的基础上，指出了其缺点：比较"花哨"，要求他进行大幅度修改，做到"干巴巴"的，尽量不使用形容词、装饰语。这深孚其心，他"觉得李冰老师的意

---

① 黎志敏：《学术语言基本规范的理论研究》，载《学术界》，2009 年第 4 期。

见是有道理的，唯有不加修饰，'干巴巴'的语言或表达才能体现论文写作应有的准确性、精当性"。[①]

这并不是说学术语言拒绝修辞手法，其实精妙的学术语言是妙趣横生的。《孟子·梁惠王上》曰："挟太山以超北海，语人曰：'我不能。'是诚不能也。为长者折枝，语人曰：'我不能。'是不为也，非不能也。故王之不王，非挟太山以超北海之类也；王之不王，是折枝之类也。"孟子在这里要论证"不能"与"不为"的区别，使用了夸张、对比等手法，使他要说明的道理格外让人警醒。毛泽东在《改造我们的学习》一文中引用了一副对联："墙上芦苇，头重脚轻根底浅；山间竹笋，嘴尖皮厚腹中空。"批评了主观主义的学风。这副对联格外形象，让人入脑入心。有的学者还倡导学术论文要有幽默感："幽默感在专业性的文章中是不多用的，但严肃与幽默之间并没有严格界限，即使在比较严肃的文章中，机智、风趣的警句也时有所见，以调解'口味'，增强吸引力。"[②] 这当然是很高的境界了，不是一般初学者所能达到的。

一篇文章要有好的语言，首先，要有严谨的科研态度。"相由心生"，一个人只有正心诚意，他的言行举止才能中规中矩，才能具有君子的翩翩风度。没有正确的科研态度，想通过非正常手段去"搞"一篇论文蒙混过关，写出来的文章就如同满纸歪歪扭扭的字迹却冒充书法作品，让人啼笑皆非乃至心中生厌。只有扎扎实实地工作，从教育教学实践中去发现问题、思考问题，再认认真真地读几本书，看看同行发表的论文如何探讨相关问题，才能找到属于自己的突破口。例如，有一篇来稿，作者写他"善于制造愿景"，笔者把"制造"二字换成"规划"，一词之差，实有霄壤之别。其次，要掌握并灵活运用教育术语。概念是思维的基础，只有准确掌握了概念，才能自由地表达自己的思想。比如，常用的教育术语"皮格马利翁效应"、"最近发展区"、"主体"与"主导"、"预设"与"生成"、"校本研究"、"发展性评价"、"非智力因素"等，都是一般教师应该熟知的名词。唯有自如地运用这些名词，一个教师才算是合格。再次，要与时俱进，关注当前的社会发展，

---

① 冯卫东：《今天怎样做教科研：写给中小学教师（第二版）》，教育科学出版社，2012 年版，第44 页。

② 胡庚申、申云桢：《英语论文的写作与发表例谈：投稿策略》，载《科技与出版》，2007 年第 9 期。

关注教育教学出现的新动态，准确掌握新名词。比如，"低碳生活""垃圾分类"等，追踪这些新名词发生的源头，就是链接当下生活的最佳捷径；把它们大胆地、恰当地运用到文章中，会给人眼前一亮的感觉。[①] 然后，用语要客观。不要夸大自己的研究对象和研究成果，表现在行文用语上就是不要绝对化，如"充分表达了""非常鲜明""极为生动"等程度副词都是应当删去的；"尤其需要说明的是……""尤其重要的是……"等都是不必要的赘语，只要老老实实地把道理说清楚就可以了，不需要像挂个口头禅，时不时就提高嗓门。《师道》的编辑部主任田爱录说："我一直认为大叫大嚷可以暂时泄愤，却解决不了真正的问题。与其大声责难，不如悄悄帮助与引导。于是，许多文章一到我手里，惨遭修改，'炮轰中国教育学'被我改成了'悲哉，中国教育学'，'名师，你是个什么东西'被我改成了'名师，名师？'。标题如此，内文同样也受类似修理。那些嚣张的、偏激的、过火的文字，总被我改得绵里藏针，轻易不出格。是那么个意思，但就是让你看了跳不起来，骂不出口。"最后，要善于写短句。不要一"逗"到底，让人读得喘不过气来，费半天劲去揣摩你想要表达的意思。现在，人们不再像过去那样慢节奏地吟哦，而是习惯于网络阅读、快速阅读、碎片化阅读，因此要克服那种附加上许多修饰语的写法，学会多用句号。要使行文简洁，合理使用文言文也是一个方法。因为现代汉语以双音节为主，古汉语则大多是单音节，所以，表示同一个意思，古汉语句式的字数一般要少于现代汉语句式的字数，这时选用古汉语会使行文更谨严、凝练。适当的古汉语使用，还可以使文章显得典雅、庄重。当然，使用古汉语要以不妨碍文章的可读性为前提，热衷使用过

---

① 有人曾作一首《新课程民谣》对新名词进行讽刺，在网上颇为流行："新课程 / 新形势 / 换汤换药换瓶子 / 先得界定关键词 / 学生叫主体 / 背诵叫识记 / 讨论叫互动 / 引导叫诱思 / 要解构 / 多反思 / 教具要用多媒体 / 话筒要叫互动器 / 理想叫理念 / 劳动叫实践 / 活动靠体验 / 素质是关键……"这里有些有道理，有些却反映了作者对新时代的新观念的隔膜。比如，"劳动叫实践 / 活动靠体验"，这是逐渐脱离农业社会之后教育难以解决的困境；"学生叫主体"是新课程背景下教育理念的变化，是对教育上升到哲理层面的思考，不应该遭到讥讽。在魏智渊编著的《教师阅读地图》一书第一章"教师专业阅读的误区"中亦列出专节"不要迷失在概念词语的丛林中"（文化艺术出版社，2011 年版，第 17—20 页），反对教育的新概念。学术界对某个问题见仁见智是很正常的事，具体的价值取向由阅读主体裁决。

于生僻、怪异的文言词，会使文白夹杂，晦涩难懂。

总之，语言不是一件外衣，而是由内向外的展露。苏联著名小说家、剧作家、散文家和文艺评论家帕乌斯托夫斯基在《金蔷薇》中论道："所有临近艺术部门（诗歌、绘画、建筑、雕刻、音乐）的知识都能丰富散文作家的内心世界，而赋予他的散文以特殊的表现力。他的散文便会充盈着绘画的光和色泽，语言的特具诗意的清新，建筑的和谐，雕刻的线条的突出分明和音乐的旋律节奏。"也就是说，各种艺术门类是相通的，要善于博采众长，化为己有，才能提高自身的语言艺术水平。著名作家汪曾祺曾把语言提到了本体的高度上，他说："语言不是外部的东西。它是和内容（思想）同时存在，不可剥离的。语言不能像桔子皮一样，可以剥下来，扔掉。世界上没有没有语言的思想，也没有没有思想的语言。"总而言之，"语言的粗糙就是内容的粗糙"。[①] 这是相当精辟的论述！对于一个学者直至一个人，语言的修炼如同道德的修炼，永无止境。

---

① 汪曾祺：《中国文学的语言问题——在耶鲁和哈佛的演讲》，载《文艺报》，1988 年 1 月 16 日。

# 加强考据功夫训练

笔者曾收到福建省南平市某职业学校一位老师的来稿，其中写道：

一位教师在讲授《在马克思墓前的讲话》这篇文章时，首先就作品的核心内容提出问题：（1）马克思一生中对无产阶级所做的最大贡献是什么？对其中的"最"字，教师加重了语气。课堂一下陷入沉默，面对这种情况，教师并没有急于自圆其说，而是让学生再次速读课文，想一想问题。（2）马克思一生中对人类社会作出了哪些伟大贡献？

学生根据课文内容很快给出了答案，据此，教师在黑板上书写如下：

A. 发现了人类历史发展的规律。

B. 发现了剩余价值规律。

C. 其他领域。

D. 宣传工作。

E. 创立伟大的国际工人协会。

怎样确定哪一项是马克思一生中最伟大的贡献呢？教师又交给学生一把思维的金钥匙——（3）恩格斯对马克思所做的各项工作的评价是否完全一样？你从恩格斯的哪些用语中可以看出哪一项是马克思一生中最伟大的贡献？经过一番激烈讨论，学生异口同声地回答：创立伟大的国际工人协会是马克思一生中最伟大的贡献。

在上述教学中，由于教师所提的核心问题（1）难易适中，把握准了"度"，使多数学生在教师的指导下，经过思考问题（2）和问题（3）——"跳一跳"够着了问题（1），从而达到了提问的预期目的。在这里倘若只是流于简单的一问一答，生硬的"是"与"不是"的形式，是很难激起学生思维的涟漪。

这一段的论点"设计有梯度的问题，让学生'跳一跳，够着了'"本身没有错误，但是其论据却有问题，"马克思一生中最伟大的贡献是创立伟大的国际工人协会"吗？不去查阅文献，除了专业人士，现在有谁知道"国际工人协会"？但一提起马克思，人们马上会把他与《资本论》紧密联系在一起。经电话与作者联系，她发来回函：

您提出的疑义，我核对了一下原文，《在马克思墓前的讲话》是恩格斯在马克思去世后发表的一篇悼词。这篇文章从两个方面来概述马克思一生的功绩：（1）作为科学家的马克思一生中的重大发现（A.人类历史的发展规律；B.剩余价值规律；C.其他领域：数学）；（2）作为革命家的马克思的功绩（D.宣传活动；E.创立国际工人协会）。原文是这样写的："因为马克思首先是一个革命家。……最后，作为全部活动的顶峰，创立伟大的国际工人协会——老实说，协会的这位创始人即使别的什么也没有做，单凭这一结果也可以自豪。"而且这篇讲稿通篇都没有提到《资本论》。但是我想还是要把论文中的问题（1）改为：在这篇悼词中恩格斯对马克思一生诸多活动成果的评价中，最为推崇的是哪一项？这样应该会更好些。您看如何？请赐教，打扰了，谢谢。

这完全是作者误读，恩格斯运用的是反衬手法，以马克思一生中业绩较小的"创立国际工人协会"来衬托其他成就的伟大。几经电话沟通，作者还是领悟不过来，无奈，笔者决定行使"编辑大权"，把此段文字删去。

无独有偶，当年的 6 月，笔者又收到福建省龙海市某学校的一篇来稿，文中说：

1988 年，74 位世界各国诺贝尔奖得主在法国巴黎发表一个共同宣言提到：
"人类要在 21 世纪生存下去，必须回到 2500 多年前中国的孔子那里寻找智慧。"

这是一条引文，但作者没有标明出处。联系之后，作者回复了电子邮
件，援引了 2003 年 1 月 20 日《现代教育报》的一则报道：

……胡祖尧老先生到报社反映了同样的问题之后，记者就一直关注查找
这段话的源头工作。在查证过程中，胡老与专家学者商讨，又得到了中华孔
子学会的支持，并且给山东曲阜市委张术平书记写了一封信，提出查证上述
这句话的建议，得到了曲阜市委办公室、曲阜市档案馆的回信。回信说："收
到您的来信，我们立即组织有关人员赴曲阜师大、省档案馆、孔子研究院、孔
子基金会等单位就相关问题进行了调查、考证。其中多数单位答复都笼统、含
糊，说法不一，或说法缺乏依据。为了使该问题得到一个准确可靠的答案，我
们根据有关专家学者的意见，专门走访了国内孔子研究专家、原曲阜师大孔
子研究所负责人骆承烈教授。骆教授认为此话并非空穴来风，有充分的资料
信息作为依据，应是确凿无疑的。现将有关资料信息转寄给您，以供商榷。"

根据曲阜市委办公室、曲阜市档案馆提供的相关信息，胡老找到了国
家图书馆图书采编副主任顾犇博士……去年 10 月底至 11 月上旬，顾先生利
用到澳大利亚出差的机会特地找到了当年刊登相关报道的《堪培拉时报》的
原版，并且将整版的复印件带回国内。从复印件上我们可以清楚地看到相
关报道：Nobel prize winners have suggested that if mankind is to survive it must
go back 25 centuries in time to tap the wisdom of Confucius. This was one of the
conclusions reached at the first international conference of Nobel prize winners
after deliberating over the theme "Facing the 21st century". （译文：诺贝尔奖获
得者建议，人类要生存下去，就必须回到 25 个世纪以前去吸取孔子的智慧。
这是第一次诺贝尔奖得主国际会议在对"面向 21 世纪"这个主题进行探讨

后得出的一个结论。）这则报道是 1988 年 1 月 24 日由一位名叫帕特里克·曼汉姆的记者从巴黎发出的。报道同时指出：会议记录是保密的，由此可知当时没有发表巴黎宣言。但我们可以看出，这些人在集会的时候的确是提到了要吸取孔子的智慧，而不是我们在引用时胡乱编造而成的。既然有这种让人一目了然的证据，那么就足以说明国人引用的东西不错，并非往先人脸上贴金。只是国人以后引用该段文字时，就不要随便加什么"宣言""结论"之类的话语，以免落人话柄，贻笑大方……

　　原来这还是一桩陈年公案，把所谓的"宣言"放到网上检索，可以得到上万条结果，可见其流传之广。尽管材料里言之凿凿的印有英语原文，笔者认为还是不足为信。因为这个"宣言"属于社会科学的话语，而有些诺贝尔奖得主的研究属于这一范畴，但更多的人属于自然科学范畴。一个常识是，专家只拥有属于他所研究范畴的权威，此外的视域常常是盲点，因而也不轻易发言。不可想象，有 74 位来自不同国度，有着不同文化背景、教育背景和宗教背景的人类精英会在"孔子的智慧"上达成高度的一致。台湾大学历史系教授王俊杰有过一个著名的论断：儒家在当今东南亚社会还是一只命运未卜的凤凰……我们怎么可能要求一个自身没有涅槃的思想，去超度西方歪风之下的芸芸众生呢？因而说，在世界多极化、寻求多元文化共存的今天，这只不过是阿 Q 式的自大想象。著名语言学家、文字学家、经济学家周有光先生坚持"双文化论"，他说："每个民族都有自己的传统文化。到了现代，任何民族都无法离开覆盖全世界的现代文化。现代文化不是某一国家的专利，而是全世界所有国家的共同财富。"[①] 据此，笔者把此则引文"编辑"了。
　　再看下面这篇来稿：

　　屈原时代，道家的思想并没有成为大众甚至是知识分子阶层的意识领域的重要组成部分。至少，屈原是不大理会道家思想的，儒家的忠君占领了他

---

① 蒋肖斌：《周有光：科学是一元的》，载《中国青年报》，2013 年 6 月 4 日。

思想的全部——他与渔父的对话便是佐证：

屈原曰："举世混浊而我独清，众人皆醉而我独醒，是以见放。"渔父曰："夫圣人者，不凝滞于物，而能与世推移。举世混浊，何不随其流而扬其波？众人皆醉，何不餔其糟而啜其醨？何故怀瑾握瑜，而自令见放为？"屈原曰："吾闻之，新沐者必弹冠，新浴者必振衣。人又谁能以身人察察，受物之汶汶者乎？宁赴常流而葬乎江鱼腹中耳，又安能以皓皓之白，而蒙世之温蠖乎？"乃作《怀沙》之赋，于是怀石，遂自投汨罗以死。

渔父是隐者，是道家的化身，他试图为屈原打开人生的另一扇门，然而屈原拒绝了，他选择了"宁赴常流而葬乎江鱼腹中耳"，从而千载之下让我们为之叹惋凭吊。

这是一篇高中语文教师的来稿，照理说这位教师应当了解中国思想发展史。儒家被确立为中国传统思想的主流意识形态是在汉朝董仲舒提出"罢黜百家，独尊儒术"之后，而屈原（公元前 340—前 278 年）生活在战国时期，与孔子相距不是太远，怎能因为他有殉国之举就贸然认定他是受儒家思想影响呢？笔者怀着这个疑问，在中国知网输入"屈原与儒家关系"，很快就检索到复旦大学中文系汪涌豪教授的一篇文章，其中写道："屈原推崇先贤，固然是因为其人德行可法，更因为他们能够举用忠直的贤臣治理天下，他向往上古社会君臣遇合的理想境界，所以在自己的作品中反复致意，一再张扬。显然，这样一种对先贤的称赏和张扬，有当时特殊的社会背景，并见之于儒家之外的其他各家学说，而与孔孟以先圣为复古的旗帜，宣传崇德重礼的政治理想、伦理理想是不尽相同的，故不能用来作为其思想归属于儒家的理由。退一步说，不管屈原出于什么考虑推崇这些先贤，称赏尧舜文武算与儒家挨着边，但齐桓公、秦缪公和晋文公这些人却不是儒家理想中的圣王，所谓'仲尼之徒，羞称五霸'，而他仍推崇备至，这不是很说明问题了吗？"[1]据

---

[1] 汪涌豪：《屈原的先圣观及与儒家之关系》，载《文史知识》，2002 年第 9 期。

此，笔者把这篇文章"毙"了。

再如：

教育是民族振兴、社会进步的基石，是提高国民素质、促进人全面发展的根本途径。"十八大"总理的政府工作报告中提出："坚持实施科教兴国战略，增强经济社会发展的核心支撑能力。"首次将教育视为经济和社会发展的"核心支撑能力"，可谓是党和国家领导人高瞻远瞩，高度重视教育。

然而我国教育经费尽管在较快增长，但公共财政教育经费支出占GDP的比重在世界仍处于较低水平。根据美国中央情报局（CIA）提供的资料，在世界182个国家和地区中，我国这一比重的排位为第135，还低于邻国尼泊尔。

这是编辑部主动约来的一位教育名家的稿件，文章立意很好，可是在引用时却很不规范，漏洞百出。首先，"十八大"上总理没有作政府工作报告。"十八大"是党的会议，而政府工作报告是在全国人民代表大会上所作的报告，不能把党和政府混为一体。经查，文中引用的内容是温家宝总理在十二届全国人大一次会议上作政府工作报告时所说的，这次会议在2013年3月5日召开，而"十八大"是2012年11月8—14日召开的，二者时间比较接近，容易混淆。其次，我国"公共财政教育经费支出占GDP的比重在世界仍处于较低水平"这句话没错，但是其论据"根据美国中央情报局（CIA）提供的资料，在世界182个国家和地区中，我国这一比重的排位为第135，还低于邻国尼泊尔"却值得商榷。经查，这段话出自十八大代表，清华大学国情研究院院长，清华大学公共管理学院教授、博士生导师，国家"十二五"规划专家咨询委员会委员，国家减灾委专家委员会委员，北京市人民政府专家咨询委员会委员胡鞍钢先生之口。这话是胡先生在答记者问时说的，全文登在《中国教育报》2013年3月3日。由于报纸的惯例，资料没有标注其出处。笔者认为，"美国中央情报局提供的资料"的文献出处非常重要，没有明确的出处，是不能随便引用的。因此，作为学术期刊，我们不能让这样没有来由的信息继续传播。

值得欣慰的是，作为一名编辑，笔者亲自剪断了一些"以讹传讹"的链条——至少，笔者不做错误信息的"传递员"。编辑就是文化传承的"守护神"，担负着文化传播中的选择导向职能和文化创造中的优化职能。要做好"守护神"，就得有灵敏的嗅觉，而这要靠平时勤学苦练。早在1962年，罗竹风先生就提出编辑应当成为"杂家"，广闻博览，最好各方面的东西都要懂一点。金如先生回忆，"'文化大革命'前，有的出版社有个不成文的制度：每天上午上班后，看报半小时至一小时（不是一人念，大家听，而是各人自己看）。这个办法很好，看起来占了半小时或一小时的办公时间，然而'磨刀不误砍柴工'，好处大得很，日久便可见效。"①这不失为锻造编辑成为"杂家"的方法之一。自2002年始，新闻出版总署和人事部设立了编辑从业人员的准入制度，强力推行出版专业基础知识和出版专业理论与实务两个科目考试，硬性让编辑读一点书。但仅有这一点是远远不够的，要当一名好编辑，还要边干边学，干到老学到老。

教师也一样，"台上一分钟，台下十年功"，平时没有博览群书，养成较为严谨的思维习惯，讲台上就会出现纰漏。

---

① 北京出版社：《编辑杂谈》，北京出版社，1982年版，第104页。

# 参考文献

学术的意义在于积累、传承与创新。当然，创新是最重要、最有意义的。我们现在人人、处处都讲创新，其实是患上了创新焦虑症。创新，谈何容易！

因此，我们要返回上一个层面：积累与传承。没有积累与传承，就没有创新；没有积累与传承，谈创新，就是无本之木、无花之果。在这个意义上，我们强调论文写作要做好参考文献工作。

翻看一些学术期刊，21世纪之前的文章较少有参考文献，那时人们的学术规范尚未建立。有些学者就在这个问题上吃了亏，曾经炒得沸沸扬扬的汪晖学术"抄袭"案就是一个典型例子。2010年3月，《南方周末》发表了南京大学中文系教授、博士研究生导师王彬彬的文章《汪晖〈反抗绝望〉的学风问题》，文章指出，汪晖《反抗绝望——鲁迅及其文学世界》是一部剽窃之作，其剽窃的方式：（1）"搅拌式"，即将他人的话与自己的话搅拌在一起，"你中有我，我中有你"；或者将他人论述的次序做些调整，便作为自己的话登场。（2）"组装式"，即将别人书中不同场合说的话组合在一起；一段话中，这几句剽自这一页，另几句袭自离得很远的一页，然后作为自己的话示人。（3）"掩耳盗铃式"，即将别人的话原原本本地抄下来，或者抄录时稍做文字上的调整，没有冒号、引号，但做一个注释，让读者"参见"某某书。（4）"老老实实式"，即一字不差地将别人的话抄下来，不搅拌、不组装、不让读者"参见"，这是最老实的一种剽袭方式。文章指出，汪晖的这部著作抄袭了李泽厚的《中国现代思想史论》《中国近代思想史论》、美国学者列文森的《梁启超与中国近代思想》、林毓生《中国意识的危机》和张汝伦《意义的探究——当代西方释义学》五部著作。其中别有"趣味"的是对勒文森《梁启超与中国近代思想》的剽袭采用的是"移花接木法"，常常无视鲁迅与梁启超的区别，把勒文森分析梁启超的理论框架简单地套用于对鲁迅的观察。鲁迅与梁启超在个性、学术背景、时代背景等方面当然有不少相似的地方，要把他们截然区分开也是不容易的事——这同样说明创新之难。

汪晖是我国著名学者，曾任中国社会科学院文学研究所研究员、清华大学教授，先后赴哈佛大学、加州大学、北欧亚洲研究所、华盛顿大学、香港中文大学、柏林高等研究院等大学和研究机构担任研究员、访问教授。"抄袭"案"曝光"后，汪晖的学术声誉受到极大的影响。之后，北京大学中文系教授钱理群、曾任鲁迅博物馆馆长的孙郁、中国社会科学院文学研究所研究员赵京华等多名鲁迅研究专家曾接受记者采访，表示该书确实存在引文不够规范等"技术层面的问题"，但要说汪晖恶意剽窃恐难成立。总而言之，汪著为20世纪80年代学术规范未成型时的产物，至少是犯了"引文不规范"的技术层面问题。学术规范积弊已久，甚至是积重难返，"近年来，我国学术不端事件频发、学术乱象丛生，从'汉芯造假门'到西安交通大学李连生骗取国家级大奖事件，诸如此类的学术造假愈演愈烈；涉足学术剽窃的既有院士、长江学者、校长，也有普通学生，学者的学术道德面临前所未有的拷问。"[1]

国外同样有学术不端事件发生，比如德国，"近年来，一场刮向德国政坛的论文抄袭追查风，让国防部部长古滕贝格、教育和科研部部长沙范、欧洲议会副议长梅林、北莱茵－威斯特法伦州议会议员迪特·亚斯珀、自民党政客查奇马卡吉斯、柏林的基督教民主联盟议会主席格拉夫等高官要么中箭落马，要么灰头土脸。"[2] 21世纪以来，中国的学术规范意识逐步加强，写论文时注意做好参考文献标注工作。"国内外学术界都非常重视参考文献，把参考文献视为学术论文不可或缺的重要组成部分，认为没有参考文献的论文是不完整的论文，是治学态度不严谨的表现，也说明作者、编者缺乏最起码

---

[1]　刘贵华、柳劲松：《教育科研评价的中国难题》，载《高等教育研究》，2012年第10期。

[2]　叶铁桥、高四维：《德国多名高官因学术不端落马》，载《中国青年报》，2013年4月10日。

的论文写作常识。"[①] 一般来说，参考文献要有四要素：作者、书名（篇名）、出版社（期刊名）、出版时间。有的还附加了出版地、文献所在的具体页码等信息。

引用参考文献要注重其权威性。首先，要引用名人名言。我们引用别人的话，是要借用其光芒为自己增色。同一句话，可能很多人说过，我们要通过严格比较，挑选出那个"巨人"站上去，这样就显得自己更高，看得更远。其次，要挑选知名出版社和学术期刊，尤其是教育类的权威出版社和核心期刊。要慎用一般的网络文章——如果是用来作为批判的对象，用也无妨。有些专著会再版，再版时作者通常会做一些修订，因此引用时尽量使用新的版本，如果继续使用旧的版本，就会给人以落伍的印象——没有掌握最新的科研前沿动态。

文献不要连续引用，堆砌在一起。例如：培养学生的质疑精神是十分重要的，爱因斯坦说："提出一个问题往往比解决一个问题重要。"朱熹说："读书始读，未知有疑，其次则渐渐有疑，中则节节是疑。过了这一番后，疑渐渐解，以至融会贯通，都无所疑，方始是学。"陶行知说："发明千千万，起点是一问。禽兽不如人，过在不会问。智者问得巧，愚者问得笨。人力胜天工，只在每事问。"这几个名人名言都很好，可是密集地放在一起，显得重复啰唆，也显得作者没有底气，一再地用名人名言给自己装门面。

尽量避免引用常见的名人名言。文学上有个理论叫"陌生化"，即要把习以为常的东西转化成陌生的东西，延长读者感受的时间，削减"审美疲劳"，以产生新的审美感受。论文写作亦如此，采用常见的名人名言，如果没有新的阐释，就显得没有新意。因此要扩大阅读面，可引用一些生僻的名人名言，来显示自己的学识，否则宁可不用，"凡是受信者一方所已经知道的信息，其信息量等于零"[②]。

最好用一次文献，不用二次文献。因为信息在传递的过程中会产生误差，更何况有些人为了证明自己的观点，会有意或无意地断章取义，所以写

---

① 王君学：《试论学术论文中引用参考文献的缺失及对策》，载《出版发行研究》，2010 年第 11 期。
② 陈原：《社会语言学》，学林出版社，1983 年版，第 79 页。

V 修改篇 159

文章、做学问要不辞辛苦，到故纸堆里寻章摘句。稍微偷懒，就可能失之毫厘谬以千里，要承担以讹传讹的责任。比如，笔者的博士论文《钟肇政小说创作论》中引用了康德说的一段话："崇高感是一种间接引起的快感，因为它先有一种生命力受到暂时阻碍的感觉，马上就接着有一种更强烈的生命力的洋溢迸发，所以崇高感作为一种情绪，在想象力的运用上不像是游戏，而是严肃认真的，因为它和吸引力不相投，心灵不是单纯地受到对象的吸引，而是更番地受到对象的推拒。崇高所产生的愉快与其说是一种积极的快感，无宁说是惊讶或崇高，这可以叫作消极的快感。"笔者在注释中写道："康德：《判断力批判》；转引自朱光潜：《悲剧心理学》，合肥：安徽教育出版社，1989年，第118页。"这其实是不好的，说明笔者当时手头没有康德的这本书，也没读过这本书——只能说明笔者做学问的态度比较老实。

参考文献的作用有：提供数据、资料的可靠性及其来源说明，表明研究者的工作起点，明确成果归誉，便于文献检索，利于读者查询、借鉴或进一步研究。[1] 参考文献的引用不仅是技术层面的问题，而且往往被上升到道德层面，关系到一个人的诚信度。在这个意义上，是否创新被降格到次要的位置，而是否尊重前人的劳动成果这一态度问题被凸显出来。中国艺术研究院终身研究员、中国文化研究所所长刘梦溪教授曾把话说得很重："很多论文和著作吸收了前人或他人的学术成果，而不注明出处，这在学术上是大不德。"[2] 所以，写论文不可忽视参考文献的标注。

---

① 郑小枚：《学报论文的编辑手记》，载《海南大学学报（人文社会科学版）》，2001年第2期。

② 刘梦溪：《学术与传统》，北京时代华文书局，2017年版，第1267页。

# 附 录

## 编辑与作者的关系

说到关系，现在社会上除了上下级关系、亲属关系、战友关系、同学关系、师生关系、同乡关系，还有普通的工作关系。这里，笔者从自己工作的角度，谈谈编辑是如何处理与作者关系的。

在工作中，笔者把作者大致分为普通型作者、潜力型作者和高端型作者三种。

### 耐心而细致地对待普通型作者，保护其写作热情

2005 年，北京师范大学创办了《教育学报》杂志，该刊编委会主任顾明远先生在创刊祝辞中提了四点意见，其中第一点强调"我们时刻关注教育改革的现实问题，但不是就事论事去讨论这些问题，而是在更深层面上研究这些问题，作理论上的探讨，寻求科学的答案"；第二点是"要关注教育改革和发展中的重大理论问题。……要时刻关注教育实践中亟待解决的理论问题，通过调查研究，作出理论上的解释"。[①]顾先生是站在北京师范大学这所中国一流大学的位置上来看问题的，他注重的是形而上的理论问题；而《福建基础教育研究》作为省级刊物，更注重形而下的实践问题。我们有一些作者的来稿也谈概念、定义、原则等问题，但大多是从教科书上复制下来的一些通识。对于中小学教师，探索理论有较大难度，且不易出成果，为此不妨转而领悟现有理论的精髓并将其灵活地运用到教育教学实践中去，从而为新的理论的诞生提供实例。为此，我们设置了"教育广角"等栏目，引导教师从日常的教育教学工作中收集相关的写作材料。

但是，仍然有很多教师写不出好文章。

---

① 顾明远：《〈教育学报〉创刊祝辞》，载《教育学报》，2005 年第 1 期。

有的是感到茫然，无从下笔。经常有作者来电询问我们最近喜欢哪一些选题，似乎只要给一个题目他就能直接写出来。鲁迅说，从喷泉里出来的都是水，从血管里出来的都是血。经验性论文写作同文学创作一样，要求有深厚的生活积累，善于从生活中撷取素材；同时，要注重理论学习，了解最前沿的教学科研成果——关键要灵活地把理论与实际相结合。这类作者往往是教学一线的"老黄牛"，有着多年的教学经历和不错的教学业绩。我们要同他们交朋友，学会用换位思考的方式，理解其苦衷和难处，唤醒其教学激情的记忆。经过激发、引导，他们常常能迸发出灵感，写出令人惊叹的好文章。

有的是缺乏写作技巧。比如逻辑顺序错误，思路不清；选材不精，同一个分论点之下有两三个例证——可能是当老师的职业习惯，老怕学生听不懂，爱多举几个例子来说明问题。有的是标点符号使用得不够规范或准确，比如一逗到底，缺乏层次；爱用句号，整个段落没有粘连性。还有的是题目取得平常，不够靓丽。这些大多是编辑后期制作的范围了。

当然，还有一种最糟糕的情况：有极个别作者直接从网上复制、粘贴。对剽窃、抄袭，我们决不姑息宽容，多次在刊物上以"本刊重要启事"的形式郑重表明我们的态度，强调要公布剽窃、抄袭者的姓名及其单位，通报其单位并将这些人列入来稿"黑名单"。

对待普通型作者，我们对工作方法的要求是细致，对工作态度的要求是耐心，核心只有一个，即保护作者的写作热情。要充当好普通型作者的"导师"的角色，必须不断自我充电，提高自身理论水平。"学报编辑应当及时掌握社会实践和科学研究发展的状况和趋势，了解其需要，提出反映这种需要的课题，引导研究者投入精力分析和解决这些问题"[1]，因此，我们需要经常学习《人民教育》《中国教育报》《光明日报·教育周刊》和中国人民大学书报资料中心的相关系列刊物等，了解最新的基础教育科研动态，学习最新的教育理论。虽然我们的办刊理念侧重于实用性、实践性，但理论性才是学术刊物的根本属性。理论是照耀实践前行的明灯，拥有一定的理论素养，编辑才能有一定的话语权，才能有的放矢地指出普通型作者来稿的瑕疵，指引作

---

[1] 杨焕章：《论学报的理念——纪念〈中国人民大学学报〉创刊20周年》，载《中国人民大学学报》，2007年第1期。

者去查阅、参考相关的资料。有些作者经过几次电话、信件等形式的"平等对话"，将文章逐渐打磨成形直至达到发表水平，编辑也会由衷地为作者开心。

## 严格而挑剔地对待潜力型作者，激发其写作斗志

有些作者不但有丰富的教学经验，而且有很高的写作水平，来稿选题精当、逻辑严谨、文字简练，几乎是一字难易。这样的稿件读来犹如夏日口渴难耐时喝到一杯冰水般爽快。他们是有备而来的，肯投稿便是对刊物的一种尊重。但是，这样的来稿并非要全文照发。对方有足够的实力和信心，这正可以为己所用。

第一种是激发作者出精品。尽可能地鸡蛋里面挑骨头，编辑越是能挑得出问题，作者就越能心悦诚服；而且作者还会在较短的时间内重新组织材料，写出新的文章。几经周折、打磨，这样的文章就会成为精品，能在读者中引起较好的反响，也容易为重要文摘期刊转载。同时，在相互交流意见的过程中，双方惺惺相惜，能结下友谊，且提高自身的认识水平。

第二种是唱重头戏。潜力型作者有想在学界冒尖的心理动力，因此他们的来稿选题大多能扣准当下的热点、难点。编辑要善于推一推，让他们再努一把力，往前更进一步。比如，2006年夏天，笔者收到了惠安教师进修学校林汇波老师的一篇文章，文中谈到语文教学效率的问题，笔者立即联想到《人民教育》2005年第9期刊登了南开大学文学院徐江教授《中学语文"无效教学"批判》一文后引起读者的强烈反响，并由此引发该刊长达一年多的"是耶非耶话'无效'"的专题讨论。笔者辗转联系上林汇波老师，与他长话交流，并应其要求寄去《人民教育》上的相关资料。经过几番切磋、修改，终于在《福建教育学院学报》2006年第8期隆重推出《语感知识的存在、建构及载体特点》一文，不但将这篇文章安排在当期的头条，加了"编者按"，而且附上其他作者相关话题的文章。这组文章刊登后，在读者中引起了很好的反响。虽然笔者未曾和作者谋面，但我们在电话里已成为学术交流的好朋友。又如，笔者曾收到福州高级中学毛晓云、林金来老师的来稿《面对网络世界的诱惑——语文网络阅读课的实践与再思考》，此类谈如何将现代技术运用于课堂教学的文章很常见，但笔者发现其中的"伴着'博客'上路——网络阅读进行时"一节谈到的"博客"正是当时的热门话题，尚未在来稿中见到此类题材，当即要求作者就此展开深入

论述。很快作者就寄来修改稿《伴着"博客"上路 让网为我用——"博客"与语文网络阅读课》，此文成为《福建教育学院学报》2007年第2期的头条。

第三种是成为专题策划的骨干力量。期刊要关注当前的热门问题，要引导读者去关心、思考这些问题，这就需要策划、约稿。名家、专家当然是首选的对象，但他们经常太忙，交稿时间难以保证，或即使按时交稿，稿件质量也未必达到理想状态。这时，潜力型作者就是最佳的人选。在这类作者中，在读研究生是不可忽视的一股力量，他们有发表文章的迫切需求，又有潜心研究的时间，编辑向他们约稿，经常能得到想要的文章。比如，很多教师来稿经常爱引用爱因斯坦的名言，而爱因斯坦是物理学界的名家，难道他在教育界也享有盛誉吗？为向读者回答这一问题，在2005年"爱因斯坦年"，笔者约请了福建师范大学的研究生郑碧强、张叶云撰写了《"和谐的人"：爱因斯坦眼中的教育目标》，刊登在《福建教育学院学报》2005年第11期。

## 尊重而不迁就高端型作者，维护期刊的权威性

站在高端，所以看得更远。教育主管部门领导、名校校长和特级教师就是教育类刊物的高端作者。他们的地位、见识和理论水平非同常人，因而他们的视野更宽广，洞察力更敏锐。遇到疑难杂症、两难的选择时，大家都想听听他们的说法，期刊此时就要主动扮演传声筒的角色。保持好同高端作者的联系是期刊人应有的职责，这样在关键的时候才能请到他们出来说话。我们长年向教育部、福建省教育厅和各地市、县教育行政人员，相关的高校教授及部分省内特级教师赠阅，一方面是为了扩大刊物影响，另一方面也是为了得到他们的关心和支持。

2003年12月1—2日，全国基础教育课程改革实验工作座谈会在福建省南安市召开，会议期间，笔者到南安实验中学听了李芳老师的公开课《口语交际·交流格言》。经笔者整理，这堂公开课的简况登在《福建教育学院学报》同年当月号上。2004年第5期，《人民教育》发表了时任国家督学、山东省潍坊市教育局局长李希贵的文章《新课程：课堂里的挑战与反思》，文章第一节"难以走下讲台的语文"不指名地点评了这堂课，批评李芳老师的教育理念发生了错误。(《难以走下讲台的语文》被《教师博览》同年第6期转载)《人民教育》在李文后配发了评论文章，指责李芳老师发生了"教育哲学"的根本性错误，对课改理念产生"误读""曲解"，"甚至又

回到了应试的老路子上去"。笔者认为李希贵先生作为北方人，不能切身体会到南方人的普通话教学和口语交际教学的难处，对李芳老师的课堂教学有所误读；而据笔者调查，《人民教育》的编辑根本没到过教学现场，这就有点乱扣帽子、乱打棍子了。为此，笔者请李芳老师把课堂实录做了详细整理，连同李希贵先生的批评文章，发送给福建师范大学的博士研究生导师潘新和教授，约请他撰写专稿。《福建教育学院学报》2005年第2期头条推出一组"特别策划"，刊登了潘新和教授的《"口语交际"要避免浅俗化、狭隘化》、李芳老师的课堂实录、李芳老师同事的听课感想及笔者的编后语，这组文章在福建省内教育界引起很大反响。

我们应以一种谦虚谨慎的好学态度编辑高端作者的稿件。笔者曾编辑过福州高级中学的特级教师陈杰生先生的一篇文章，由于对文中提到的专业术语不够熟悉，特地打电话，向他虚心请教。后来在该校遇到他，他还当众提起这件事，表扬笔者严谨的编辑作风。而另一次，笔者在为通校稿校红时，看到校对者在一篇英语教学论文"仁爱版"边上画了个问号，便打电话给作者，一时没打通，而稿子又急着下工厂，笔者当即大笔一挥把它改为"人教版"。刊物出版后，笔者偶然知道原来"仁爱"是一家新的教育研究和出版机构。虽然作者、领导、读者都没人找过来，但笔者至今暗自惭愧。

尊重高端型作者并非要一味地盲从、迁就。他们的稿件一般不会出现错误，但在细节处也可能出现瑕疵。比如有些名家下笔如有神，可写后没去校对，往往会出现错别字，或是标点符号不够规范，因此我们编辑时要多加小心。

发挥高端型作者的作用还有个很好的方式——就某个专题把他们请来开研讨会。这种专家与专家面对面的碰撞，常常能撞击出火花。而编辑部只要做好选题和后期的录音整理，就可得到好的文章。

编辑的主体意识是在与作者的主体意识、读者的主体意识博弈中生成的。一本有了"定位"感的杂志，其编辑自然会产生强烈的"我的地盘我做主"的主体意识，掌握来稿的"生杀"大权，除了"枪毙"劣稿，对文质兼美的稿件，要是不符合刊物的定位，也要"割爱"。也就是说，编辑要对作者不断地进行引导，这自然对编辑自身的能力提出很高的要求。编辑要了解国际、国内的同类刊物，要掌握当今本学科研究的前沿动态和学术制高点，要有娴熟过硬的文字功夫……唯有如此，才敢也才能对来稿指指点点、修修补补。这常常是一件无人觉察、没有掌声与喝彩的苦差事，很多编辑会在这些烦琐的日常工作中渐生怠意。对策是，修改来稿之后，最好能把改过的地方指明给作者看，让作者心服口服。这是一件很需要耐心的工作，不过在来回交锋过程中，彼此会建立良好的关系。此时编辑张扬的主体意识，更多地体现为阵地意识与能力。编辑要以求真向善的执著，唤醒沉睡的美好情感体验，团结这些愿意接受、服从乃至体现编辑主体意识的作者，发现新人，培养新人，发展良好的人脉关系，以备随时遣用。

　　值得注意的是，作者同样具有主体意识。著名作家老舍的稿子经常被编辑删改，有一回他发怒了，在稿件中夹注"改我一字，天诛地灭"。可见，我们不能做"编辑老爷"，随便改作者的稿子，而应多就少改，尊重作者的语言风格、写作习惯和学术倾向。我们在张扬自己的主体意识时，要懂得尊重作者的主体意识，如同汉字书法，一方面要以长枪大戟的气势去攻城略池，另一方面也要学会谦恭地避让，在矛盾中求得和谐。有些来稿十分完美，一字难移，若想改动一个标点，也应与作者取得联系，征求其同意。只要我们尊重作者，必然也会赢得作者的尊重。

　　笔者将作者划分为普通型、潜力型和高端型三种，只是为了论述的方便而已。在实际工作中并无如此刻板的教条，因为三者的划分并非绝对的，他们常常会发生转化。而真心实意地对待每一位作者，把期刊办成一流刊物才是我们的本意。

# 投稿技巧

福建泉州第七中学的校园里，笔者看到两条标语，"你永远不能休息，否则你将永远休息""不称职的员工永远是学校最大的成本"。据该校教师介绍，这是前任校长提出来的口号，这位校长参加过 MBA 学习，因此将企业管理理念引入学校管理。中国早已进入商业时代，很多事情必须遵循商业运作规律，否则就可能因触犯规则而出局。投稿亦如此，在投稿时，作者也应有了解、尊重，甚至顺应编辑规则的意识。

## 为编辑提供便捷的稿件

编辑是为人作嫁的工作，但是编辑也是平常人，因此投稿人在为编辑提供优质稿件的基础上，还应提供便捷的服务，以减少编辑的加工量，节省编辑时间。

有些作者可能出于谦虚，经常把自己的单位和署名放在文后。殊不知，绝大部分的期刊是把作者署名和单位放在前面的。有些作者没有留下自己的联系电话和邮箱，编辑在下载完来稿后，可能不会及时登记、处理，过了几天，就可能因找不到作者的联系方式而暂时放弃来稿。所以投稿前最好能为编辑提供最便捷的服务，提高效率。

排版时，最好能找来投稿的目标刊物，按照其最新的版式来排定。从字号、字体到行间距，最好能做到与版式要求一致。

一般情况下，汉字序号后面用的是顿号，而阿拉伯数字序号的后面用的是小圆点，而用小括号包围起来的序号，就不用再外加标点符号了。参考文献在文中插入时，一般要"自定义标记"，用英文符号状态下的中括号；文后的参考文献序号一般也要用英文符号状态下的中括号。这些都是细碎的小节，作者处理得不符合刊物的规范，一篇篇来稿累积起来，要花费编辑大量的时间和精力。作者提供便捷的稿件，编辑看了自然省心、舒心、开心。

## 在适当的时间内与编辑保持联系

一般期刊都会在"征稿启事"中说明"限于条件，本刊对不拟采用的稿件不予退稿，凡投稿满三个月未得本刊通知者，可另作处理"。这其实是依照《中华人民共和国著作权法》不得不说的套话。如果投稿人老老实实地等三个月，结果可能就是泥牛入海。有营销意识的人则会主动出击，积极跟编辑部联系。

首先，打电话要找准时机。不能太早，太早可能编辑部尚未完成来稿登记、网络学术不端检测和初审等工作；也不能太频繁，太频繁了会让人产生不胜其扰的厌烦感。可以看该刊是半月刊、月刊、双月刊还是季刊，根据出刊时间节奏找一个合适的时间去电询问。

其次，要善于营销自己文章的亮点。编辑曾不止一次接到这样的电话：

作者：我是××县的。

编辑：请问是哪个学校？

作者：××中学。

编辑：请问是什么学科？

作者：××学科。

编辑：请问大作题目是什么？

作者：……

这样的电话让人哭笑不得。以上编辑发问的，都是作者在查询自己稿件时应在简短时间内表达清楚的，而不应该像挤牙膏一样问一点说一点。善于营销的作者，会很快切题，把自己文章的亮点推出来，以打动编辑，让编辑觉得不赶紧留下这篇稿件，它可能就会被竞争对手抢先刊登了。

## 关注编辑的关注点

期刊编辑的关注点不外乎两个：一是稿件的质量，二是期刊的生存，这里着重讨论后者。目前，唯有少部分期刊受到国家社会科学基金资助，经济上比较宽裕，其余都要承担自负盈亏的压力。这就涉及一个话题——版面费。

有的期刊明确在版权页上申明"本刊一律不收版面费，并且发放稿费"，其实发放的稿费只是象征性的；有的期刊既收版面费又发放稿费，之所以"多此一举"，是遵循《中华人民共和国著作权法》的规定，而有的作者强烈要求发放稿费，是因为单位规定收到多少稿费就会配套奖励多少；有的期刊不收版面费，也不发稿费；有的期刊只收版面费，不发放稿费。目前，国家没有出台不能收取版面费的规章制度，所以大多数学术期刊为了生存就收版面费了。有的期刊发出收费通知，而作者不愿交费，可是期刊照样刊登其文章，那是因为杂志社人手少，管不过来。从国际学术出版来看，OA 出版模式（Open Access to Knowledge）"付费发表，免费阅读"是大势所趋，OA 出版倡导一种全新的、颠覆性的理念，一时还难为国人所理解，截止 2023 年 11 月，全球有同行评议的完全 OA 期刊 20133 种，每年增长 18%，论文数量增长 30%。[①]我国学术期刊界总体上对"开放获取"理念持积极响应的态度。2004 年 5 月 24 日，中国科学院院长路甬祥、国家自然科学基金委员会主任陈宜瑜分别代表各自机构签署了《关于自然科学与人文科学知识开放获取的柏林宣言》，表明中国科学界和科研资助机构支持开放获取的原则立场。

受中国传统文化思想影响，写论文尤其是善于写论文的人，有一种自命清高的自负心理。而自负盈亏的学术期刊，其生存之道除收版面费之外，主要是发行，此外有的还通过举办活动或推销教辅材料来营利。关注编辑的关注点，就是希望投稿者设身处地为编辑着想，替编辑分忧，代编辑出力。这样，编辑也愿意为作者着想，为作者分忧，代作者出力。

## 不断调试自己的投稿目标

实际上，作者写完稿件之后，对自己的文章有一个大概的估值，然后按值而沽。以笔者为例，在写好《台湾地区国文教材：儒学与乡土混搭》一文后，笔者自己是比较满意的，因此首先投向《课程·教材·教法》，可是等了一个多月，音信全无，笔者就改弦易辙，投向《教育学报》。《教育学报》在三天之内就通过初审，要求笔者

---

① 廖宇、刘敬仪、沈哲思：《开放获取：起源、主要成效、面临阻碍和未来发展》，载《世界科技研究与发展》，2024 年第 1 期。

寄去纸质稿件二审；六天之后，《教育学报》通知二审没有通过。接连遭受打击之后，笔者并没有灰心丧气，因为这篇文章笔者是下了功夫的，对它颇有信心，决心非核心期刊不投。最后，文章在《当代教育科学》2011 年第 20 期刊登出来，并很快被河南师范大学主办的《教育科学文摘》2012 年第 1 期摘编。

"死了张屠夫，不吃带毛猪。"全国教育期刊之多，总有适合自己文章的地方，只要对自己的文章有信心，只要耐心去寻找，就会找到自己文章的归宿。

# 何谓核心期刊

　　2016年，福建省教育厅与福建省人力资源和社会保障厅联合下发《福建省深化中小学教师职称制度改革实施方案》（以下简称《职改方案》），其中对正高级教师教科研工作要求的第二点是："撰写并公开发表本学科教育教学论文3篇以上（1篇为近3年发表），其中至少1篇在核心期刊发表。专职从事教研、电化教育工作人员撰写并公开发表本学科教育教学论文4篇以上（1篇为近3年发表，电教人员可有1～2篇为教育技术管理方面的文章），其中至少2篇在核心期刊发表。"第三十五条补充说明："核心期刊指北京大学'中文核心期刊要目总览'、南京大学'中文社会科学引文索引来源期刊目录'、中国科学院文献情报中心'中国科学引文数据库来源期刊'所列的刊物。"由此，"核心期刊"这个名词摆在了中小学教师，尤其是那些有冲劲的教师面前。

　　何谓核心期刊？这属于文献学的问题。文献学家通过大量的数据统计分析，发现了学科论文在期刊中的分布规律，代表性的有：布拉德福定律、文献二八定则和加菲尔德文献集中定律。

　　1934年，英国文献学家布拉德福率先用数学模型描述了论文在期刊文献中的分布规律；1948年，其专著《文献工作》对此做了完整的表述：对某一主题而言，将科学期刊按其登载论文数量的多少依次递减排列时，核心区与相继各区的期刊数量成 $1：a：a^2……$的关系。其中第一区载文密度最大，称为核心区域。后人证实了布氏揭示的学科文献在期刊中的分布规律是客观存在的，因此将布氏发现的规律称为布拉德福定律，也叫文献分散定律，并将位于核心区的期刊称为核心期刊。

　　1969年，美国文献学家理查德·特鲁斯威在对一组期刊流通数据进行对比后，发现80%的借阅量集中在28%的期刊上，据此他将经济学中的80/20定则（产出或报酬的80%取决于20%的原因、投入或努力。例如，世界上大约80%的资源是由世界上 15% 的人口所耗尽的；世界财富的 80% 为 25% 的人所拥有；在一个国家的医疗体系中，20% 的人口与 20% 的疾病，会消耗 80% 的医疗资源）引入了文献计量学领域，认为 20% 的馆藏就可以满足 80% 的流通需求。

1971 年，美国文献学家尤金·加菲尔德提出：大量的引文都集中在多个学科的一小部分核心期刊中，而少量的引文则散布在大量的期刊中，因此，一个基本的、集中的期刊集合就可以代表所有学科的核心。此规律已被学者广泛研究、证实和应用，并称为加菲尔德文献集中定律。[①]

《职改方案》规定了三种核心期刊，其中第三种"中国科学引文数据库来源期刊"是科技专业期刊，中小学教师一般不太阅读，投稿也不会命中。而前两种俗称"北大版"与"南大版"。

"北大版"是 1990 年底由北京大学图书馆和北京地区高校图书馆期刊工作研究会共同发起研究和编制。参加研究的单位有北京大学图书馆、中国人民大学图书馆、清华大学图书馆、北京师范大学图书馆、北京大学医学图书馆、中国农业大学图书馆、北京科技大学图书馆等 20 多所北京高校图书馆，国家图书馆、中国科学院国家科学图书馆、中国科学技术信息研究所、中国社会科学院文献信息中心、中国人民大学书报资料中心、中国学术期刊（光盘版）电子杂志社等多个图书情报和全文数据库单位。目前已出版的研究成果《中文核心期刊要目总览》有 1992 年版、1996 年版、2000 年版、2004 年版、2008 年版、2011 年版、2014 年版、2017 年版、2020 年版等。其特点是采用定量和定性（即同行评议）相结合的评价方法。

"南大版"即 CSSCI，其英文全称是 Chinese Social Sciences Citation Index，中文是中文社会科学引文索引。"南大版"评价指标有被引频次、影响因子、即年指标、期刊影响广度、地域分布、半衰期等。

其中，影响因子是最重要的指标。影响因子 = 该刊前两年发表的论文在统计年被引用的总次数与该刊前两年发表的论文总数之比。例如，《中国社会科学》2004 年的影响因子是这样计算的：该刊 2002 年载文量是 110 篇，2003 年是 110 篇，2004 年全年该刊 2002 年和 2003 年论文被引用的数量是 379 次。因此，该刊 2004 年影响

① 何峻、蔡蓉华：《"北大中文核心期刊"是如何评出的》，载《中国出版》，2009 年第 7 期。

因子 =379/220=1.723。

核心期刊（期刊评价研究）在产生和发展的过程中，一直伴随着争议、批评和指责，主要是其功能被任意夸大了，被行政部门采用于职称评定与科研成果认定。当然，全盘否定这一研究的价值和作用也是不正确的。

综上可知，核心期刊不是静态的，而是动态的。可是，有些期刊一朝戴上了"核心期刊"的帽子后，就再也不肯脱下来，用昔日的"勋章"来炫耀自己。另外，由评定核心期刊的几个要素看，核心期刊是对该刊过去办刊业绩的鉴定，但被贴上光荣的标签之后常常被用作作者所发表的成果的认定。比如，《物理教学》是"北大版"1992年版、1996年版、2000年版、2008年版、2017年版、2020年版的核心期刊，也就是说，它在2004年版、2011年版、2014年版中不是核心期刊。假设某作者2001年在《物理教学》发表了一篇文章，那么这篇文章属不属于核心期刊呢？从刊物整体的办刊业绩看，是不算的，因为它在2000—2004年间的业绩不够好，未上榜；但是，从作者个人的角度看，应该算的，因为该刊在2000年仍在榜单上，因此得到了作者的信任，从而将文章投给它。这也是一个矛盾之处，值得读者与教育行政部门在职称评定时注意。

# 中文核心期刊要目总览（2023 年版）教育类期刊目录 ①

G4（除 G43）/G5、G65 教育学／教育事业、师范教育、教师教育（除电化教育）类核心期刊

| 序号 | 刊名 | 主办单位 | 地址 | 邮编 | 电话 | 电子邮箱 | 邮发代号 | 刊期 | 刊号 |
|---|---|---|---|---|---|---|---|---|---|
| 1 | 《教育研究》 | 中国教育科学研究院 | 北京市海淀区北三环中路46号 | 100088 | 010-62003454 | jyyj@nies.edu.cn | 2-277 | 月刊 | 11-1281/G4 |
| 2 | 《华东师范大学学报（教育科学版）》 | 华东师范大学 | 上海市中山北路3663号华东师范大学 | 200062 | 021-62233761 | xbjk@xb.ecnu.edu.cn | 4-395 | 月刊 | 31-1007/G4 |
| 3 | 《清华大学教育研究》 | 清华大学 | 北京市清华大学黄松益楼429 | 100084 | 010-62788995 | jysbjb@mail.tsinghua.edu.cn | 80-104 | 双月刊 | 11-1610/G4 |
| 4 | 《北京大学教育评论》 | 北京大学 | 北京市海淀区颐和园路5号北京大学教育学院 | 100871 | 010-62754971 | jypl@pku.edu.cn | 82-388 | 季刊 | 11-4848/G4 |

① 该目录资料主要来自陈建龙、张俊娥主编的《中文核心期刊要目总览（2023 年版）》，北京大学出版社 2024 年版；另外也参考了部分刊物的版权页。

| 序号 | 刊名 | 主办单位 | 地址 | 邮编 | 电话 | 电子邮箱 | 邮发代号 | 刊期 | 刊号 |
|---|---|---|---|---|---|---|---|---|---|
| 5 | 《教育发展研究》 | 上海市教育科学研究院、上海市高等教育学会 | 上海市徐汇区茶陵北路21号 | 200032 | 021-64038342，021-64186212 | jyfz@cnsaes.org.cn | 4-591 | 半月刊 | 31-1772/G4 |
| 6 | 《教育与经济》 | 华中师范大学、中国教育经济学研究会 | 湖北省武汉市华中师范大学《教育与经济》编辑部 | 430079 | 027-67865330，027-67868265 | jyyjj2013@163.com | 38-177 | 双月刊 | 42-1268/G4 |
| 7 | 《全球教育展望》 | 华东师范大学 | 上海市中山北路3663号华东师范大学 | 200062 | 021-62232938 | globaledu@kcx.ecnu.edu.cn | 4-358 | 月刊 | 31-1842/G4 |
| 8 | 《教育学报》 | 北京师范大学 | 北京市新街口外大街19号北京师范大学英东楼343 | 100875 | 010-58805288 | jiaoyuxb@bnu.edu.cn | 82-669 | 双月刊 | 11-5306/G4 |
| 9 | 《现代教育管理》 | 辽宁教育研究院 | 辽宁省沈阳市黄河北大街249号 | 110034 | 024-86591009 | bianjibu2004@126.com | 8-581 | 月刊 | 21-1570/G4 |

| 序号 | 刊名 | 主办单位 | 地址 | 邮编 | 电话 | 电子邮箱 | 邮发代号 | 刊期 | 刊号 |
|---|---|---|---|---|---|---|---|---|---|
| 10 | 《教师教育研究》 | 北京师范大学、华东师范大学、教育部高校师资培训交流北京中心 | 北京市海淀区新街口外大街19号北京师范大学《教师教育研究》编辑部 | 100875 | 010-58807942 | jsjyyj218@163.com | 2-418 | 双月刊 | 11-5147/G4 |
| 11 | 《比较教育研究》 | 北京师范大学 | 北京市海淀区新街口外大街19号 | 100875 | 010-58808310 | bjb@bnu.edu.cn | 2-466 | 月刊 | 11-2878/G4 |
| 12 | 《湖南师范大学教育科学学报》 | 湖南师范大学 | 湖南省长沙市岳麓山南路36号 | | 0731-88872472 | jkxb2002@126.com | 42-94 | 双月刊 | 43-1381/G4 |
| 13 | 《教育科学》 | 辽宁师范大学 | 辽宁省大连市黄河路850号 | 116029 | 0411-82158254 | jykxbjb@sina.cn | 8-91 | 双月刊 | 21-1066/G4 |
| 14 | 《教育研究与实验》 | 华中师范大学 | 湖北省武汉市华中师范大学田家炳楼 | 430079 | 027-67868275 | | 38-144 | 双月刊 | 42-1041/G4 |
| 15 | 《外国教育研究》 | 东北师范大学 | 吉林省长春市人民大街5268号 | 130024 | 0431-85098501 | wgjyyj@126.com | 12-102 | 月刊 | 22-1022/G4 |

| 序号 | 刊名 | 主办单位 | 地址 | 邮编 | 电话 | 电子邮箱 | 邮发代号 | 刊期 | 刊号 |
|---|---|---|---|---|---|---|---|---|---|
| 16 | 《教育学术月刊》 | 江西省教育评估监测研究所、江西省教育学会 | 江西省南昌市赣江南大道2888号 | 330038 | 0791-86765762 | jyxsyk@126.com | 44-97 | 月刊 | 36-1301/G4 |
| 17 | 《河北师范大学学报（教育科学版）》 | 河北师范大学 | 河北省石家庄市南二环东路20号 | 050024 | 0311-80786366 | jiaoyub@hebtu.edu.cn | 18-290 | 双月刊 | 13-1286/G |
| 18 | 《苏州大学学报（教育科学版）》 | 苏州大学 | 江苏省苏州市东环路50号苏州大学期刊中心 | 215021 | 0512-65225052 | jyjkx@suda.edu.cn | 28-451 | 季刊 | 32-1843/G4 |
| 19 | 《当代教育论坛》 | 湖南省教育科学研究院 | 湖南省长沙市蔡锷北路教育街11号 | 410005 | 0731-84402917 | keyanyuan@vip.163.com | 42-305 | 双月刊 | 43-1391/G4 |
| 20 | 《比较教育学报》 | 上海师范大学 | 上海市桂林路100号 | 200234 | 021-64322352 | wgzhxx@163.com | 4-283 | 双月刊 | 31-2173/G4 |
| 21 | 《教育理论与实践》 | 山西省教育科学研究院 | 山西省太原市解放路东头一巷9号 | 030009 | 0351-5604672 | | 22-31，22-135，22-162 | 旬刊 | 14-1027/G4 |

| 序号 | 刊名 | 主办单位 | 地址 | 邮编 | 电话 | 电子邮箱 | 邮发代号 | 刊期 | 刊号 |
|---|---|---|---|---|---|---|---|---|---|
| 22 | 《中国教育科学（中英文）》 | 人民教育出版社 | 北京市海淀区中关村南大街17号院1号楼 | 100081 | 010-58758987 | | 80-891 | 双月刊 | 10-1578/G4 |
| 23 | 《学校党建与思想教育》 | 湖北长江报刊传媒（集团）有限公司 | 湖北省武汉市洪山区珞喻路78号长江传媒大厦18楼 | 430079 | 027-50769366, 027-50769383, 027-50769365 | xxdj@163.com, xxdjzg@163.com, xxdjpj@163.com | 38-328 | 半月刊 | 42-1422/D |

## G43 电化教育类核心期刊

| 序号 | 刊名 | 主办单位 | 地址 | 邮编 | 电话 | 电子邮箱 | 邮发代号 | 刊期 | 刊号 |
|---|---|---|---|---|---|---|---|---|---|
| 1 | 《远程教育杂志》 | 浙江开放大学 | 浙江省杭州西湖区教工路42号浙江开放大学 | 310012 | 0571-88065047 | ycjyzz@163.com | 32-126 | 双月刊 | 33-1304/G4 |

| 序号 | 刊名 | 主办单位 | 地址 | 邮编 | 电话 | 电子邮箱 | 邮发代号 | 刊期 | 刊号 |
|---|---|---|---|---|---|---|---|---|---|
| 2 | 《电化教育研究》 | 西北师范大学、中国电化教育研究会 | 甘肃省兰州市安宁东路967号 | 730070 | 0931-7971823,0931-7970586 | dhjyyj@163.com | 54-82 | 月刊 | 62-1022/G4 |
| 3 | 《开放教育研究》 | 上海开放大学 | 上海市国顺路288号行政楼301室 | 200433 | 021-65631403 | kfjyyj@sou.edu.cn | 4-578 | 双月刊 | 31-1724/G4 |
| 4 | 《现代远程教育研究》 | 四川开放大学 | 四川省成都市一环路西三段3号 | 610073 | 028-87768171 | xdyjyyj@163.com | 62-181 | 双月刊 | 51-1580/G4 |
| 5 | 《中国电化教育》 | 教育部教育技术与资源发展中心（中央电化教育馆） | 北京市海淀区中关村大街35号 | 100080 | 010-62514910 | zgdhjyyjbzb2023@126.com | 2-107 | 月刊 | 11-3792/G4 |
| 6 | 《中国远程教育》 | 国家开放大学 | 北京市海淀区西四环中路45号 | 100039 | 010-68182514 | zzs@ouchn.edu.cn | 2-353 | 月刊 | 11-4089/G4 |

## G61 学前教育、幼儿教育类核心期刊

| 序号 | 刊名 | 主办单位 | 地址 | 邮编 | 电话 | 电子邮箱 | 邮发代号 | 刊期 | 刊号 |
|---|---|---|---|---|---|---|---|---|---|
| 1 | 《学前教育研究》 | 中国学前教育研究会、长沙师范学院 | 湖南省长沙市开福区蔡锷北路351号 | 410005 | 0731-85061323 | | 42-166 | 月刊 | 43-1038/G4 |

## G62/G63（除 G623、G633）初等教育/中等教育（除各科教育）类核心期刊

| 序号 | 刊名 | 主办单位 | 地址 | 邮编 | 电话 | 电子邮箱 | 邮发代号 | 刊期 | 刊号 |
|---|---|---|---|---|---|---|---|---|---|
| 1 | 《课程·教材·教法》 | 人民教育出版社有限公司 | 北京市海淀区中关村南大街17院1号楼 | 100081 | 010-58758970，010-58758968 | | 2-294 | 月刊 | 11-1278/G4 |
| 2 | 《教育科学研究》 | 北京教育融媒体中心 | 北京市西城区白广路18号 | 100053 | 010-83552114 | esr2023@126.com | 2-769 | 月刊 | 11-4573/D |
| 3 | 《中国考试》 | 教育部教育考试院 | 北京市海淀区清华科技园立业大厦《中国考试》杂志社 | 100084 | 010-82520291 | cexam@mail.neea.edu.cn | 82-983 | 月刊 | 11-3303/G4 |

| 序号 | 刊名 | 主办单位 | 地址 | 邮编 | 电话 | 电子邮箱 | 邮发代号 | 刊期 | 刊号 |
|---|---|---|---|---|---|---|---|---|---|
| 4 | 《天津师范大学学报（基础教育版）》 | 天津师范大学 | 天津市西青区宾水西道393号 | 300387 | 022-23766787，022-23766697 | jichujiaoyu@163.com | 6-170 | 双月刊 | 12-1315/G4 |
| 5 | 《当代教育科学》 | 山东省教育科学研究院 | 山东省济南市中区土屋路3-1号 | 250002 | 0531-55630276 | sdjk@chinajournal.net.cn | 24-164 | 月刊 | 37-1408/G4 |
| 6 | 《基础教育》 | 华东师范大学 | 上海市中山北路3663号华东师范大学文科大楼1127室 | 200062 | 021-62864541 | jss@ecnu.edu.cn | 4-740 | 双月刊 | 31-1914/G4 |
| 7 | 《人民教育》 | 中国教育报刊社 | 北京市海淀区文慧园北路10号 | 100082 | 分领域各设电话，如010-82296654 | 分领域各设邮箱，如dong xiaoting612@126.com | 2-5 | 半月刊 | 11-1199/G4 |
| 8 | 《上海教育科研》 | 上海市教育科学研究院普通教育研究所 | 上海市茶陵北路21号 | 200032 | 021-64188187 | Shanghai-edu@vip.163.com | 4-720 | 月刊 | 31-1059/G4 |

| 序号 | 刊名 | 主办单位 | 地址 | 邮编 | 电话 | 电子邮箱 | 邮发代号 | 刊期 | 刊号 |
|---|---|---|---|---|---|---|---|---|---|
| 9 | 《中小学管理》 | 北京教育融媒体中心 | 北京市西城区白广路18号 | 100053 | 010-52597541 | zxxgl@126.com | 82–372 | 月刊 | 11–2545/G4 |
| 10 | 《教学与管理》 | 太原师范学院 | 山西省太原市小店区黄陵路19号 | 030031 | 0351-2275134 | jxyglcn@163.com, jxyglxxb@163.com, jxyglllb@163.com | 22–103, 22–106, 22–151 | 旬刊 | 14–1024/G4 |

## G623.1，G633.2 初等教育、中等教育（政治）类核心期刊

| 序号 | 刊名 | 主办单位 | 地址 | 邮编 | 电话 | 电子邮箱 | 邮发代号 | 刊期 | 刊号 |
|---|---|---|---|---|---|---|---|---|---|
| 1 | 《思想政治课教学》 | 北京师范大学 | 北京市海淀区新街口外大街19号北京师范大学《思想政治课教学》杂志社 | 100875 | 010-62200757 | zhufeng907@163.com, szjx13@163.com, demphned@163.com | 2–78 | 月刊 | 11–1589/G4 |

G623.2, G633.3 初等教育、中等教育（语文）类核心期刊

| 序号 | 刊名 | 主办单位 | 地址 | 邮编 | 电话 | 电子邮箱 | 邮发代号 | 刊期 | 刊号 |
|---|---|---|---|---|---|---|---|---|---|
| 1 | 《中学语文教学》 | 首都师范大学 | 北京市西三环北路105号 | 100048 | 010-68980051、010-68982069、010-68900046 | 分版块各设邮箱，如swty2022@126.com | 2-32 | 月刊 | 11-1277/H |
| 2 | 《语文建设》 | 语文出版社有限公司 | 北京市朝阳门内南小街51号 | 100010 | 010-65595961 | 分版块各设邮箱，如ywjsxkt@163.com | 2-200 | 半月刊 | 11-1399/H |

G623.3, G633.4 初等教育、中等教育（外语）类核心期刊

| 序号 | 刊名 | 主办单位 | 地址 | 邮编 | 电话 | 电子邮箱 | 邮发代号 | 刊期 | 刊号 |
|---|---|---|---|---|---|---|---|---|---|
| 1 | 《中小学英语教学与研究》 | 华东师范大学 | 上海市中山北路3663号 | 200062 | 021-62233415 | etrn@mail.ecnu.edu.cn | 4-327 | 月刊 | 31-1122/G4 |
| 2 | 《中小学外语教学（中学篇）》 | 北京师范大学 | 北京市海淀区新街口外大街19号北京师范大学中小学外语教学编辑部（校内京师大厦9809） | 100875 | 010-58808018 | FLTS@BNU.EDU.CN | 2-31 | 半月刊 | 11-1318/G4 |

G623.4，G633.5 初等教育、中等教育（历史）类核心期刊

| 序号 | 刊名 | 主办单位 | 地址 | 邮编 | 电话 | 电子邮箱 | 邮发代号 | 刊期 | 刊号 |
|---|---|---|---|---|---|---|---|---|---|
| 1 | 《历史教学（上半月刊）》 | 历史教学社（天津）有限公司 | 天津市和平区西康路35号 | 300051 | 022-23332330 | zhengwen0408@126.com，xsb07@126.com | 6-4，6-215 | 半月刊 | 12-1010/G4 |

G623.45，G633.55 初等教育、中等教育（地理）类核心期刊

| 序号 | 刊名 | 主办单位 | 地址 | 邮编 | 电话 | 电子邮箱 | 邮发代号 | 刊期 | 刊号 |
|---|---|---|---|---|---|---|---|---|---|
| 1 | 《地理教学》 | 华东师范大学 | 上海市闵行区东川路500号华东师范大学地理科学学院 | 200241 | 021-54341226 | dljx@vip.126.com | 4-388 | 半月刊 | 31-1022/G4 |

## G623.5, G633.6 初等教育、中等教育（数学）类核心期刊

| 序号 | 刊名 | 主办单位 | 地址 | 邮编 | 电话 | 电子邮箱 | 邮发代号 | 刊期 | 刊号 |
|------|------|----------|------|------|------|----------|----------|------|------|
| 1 | 《数学教育学报》 | 天津师范大学 | 天津市西青区宾水西道393号 | 300387 | 022-23766679 | sxjyxbbjb@vip.163.com | 6-132 | 双月刊 | 12-1194/G4 |
| 2 | 《数学通报》 | 中国数学会，北京师范大学 | 北京市海淀区新街口外大街19号北京师范大学《数学通报》编辑部 | 100875 | 010-58807753 | shxtb@bnu.edu.cn | 2-501 | 月刊 | 11-2254/O1 |

## G633.7 中等教育（物理）类核心期刊

| 序号 | 刊名 | 主办单位 | 地址 | 邮编 | 电话 | 电子邮箱 | 邮发代号 | 刊期 | 刊号 |
|------|------|----------|------|------|------|----------|----------|------|------|
| 1 | 《物理教师》 | 苏州大学 | 江苏省苏州市十梓街1号苏州大学《物理教师》编辑部 | 215006 | 0512-65113303 | wljs@suda.edu.cn | 28-77 | 月刊 | 32-1216/O4 |
| 2 | 《物理教学》 | 中国物理学会 | 上海市中山北路3663号华东师范大学物理与电子科学学院内 | 200062 | 021-62232813 | wljx@phy.ecnu.edu.cn | 4-284 | 月刊 | 31-1033/G4 |

## G633.8 中等教育（化学）类核心期刊

| 序号 | 刊名 | 主办单位 | 地址 | 邮编 | 电话 | 电子邮箱 | 邮发代号 | 刊期 | 刊号 |
|---|---|---|---|---|---|---|---|---|---|
| 1 | 《化学教学》 | 华东师范大学 | 上海市中山北路3663号 | 200062 | 021-62232484 | ecnhxjx@163.com | 4-324 | 月刊 | 31-1006/G4 |
| 2 | 《化学教育（中英文）》 | 中国化学会、北京师范大学 | 北京市海淀区新街口外大街19号北京师范大学化学楼217室《化学教育》编辑部 | 100875 | 010-58807875 | hxyj-jce@263.net | 2-106 | 半月刊 | 10-1515/O6 |

## G633.91 中等教育（生物）类核心期刊

| 序号 | 刊名 | 主办单位 | 地址 | 邮编 | 电话 | 电子邮箱 | 邮发代号 | 刊期 | 刊号 |
|---|---|---|---|---|---|---|---|---|---|
| 1 | 《生物学教学》 | 华东师范大学 | 上海市中山北路3663号 | 200062 | 021-54341005 | swxjx@bio.ecnu.edu.cn | 4-450 | 月刊 | 31-1009/G4 |

| 序号 | 刊名 | 主办单位 | 地址 | 邮编 | 电话 | 电子邮箱 | 邮发代号 | 刊期 | 刊号 |
|---|---|---|---|---|---|---|---|---|---|
| 1 | 《中国职业技术教育》 | 教育部职业技术教育中心研究所、中国职业技术教育学会、高等教育出版社有限公司、北京师范大学 | 北京市朝阳区惠新东街 4 号富盛大厦 16 层 | 100029 | 010-58556724, 010-58556728, 010-58556738 | cvatezbs @163.com | 82-866 | 旬刊 | 11-3117/G4 |
| 2 | 《职教论坛》 | 江西科技师范大学 | 江西南昌市红角洲学府路大道 589 号 | 330038 | 0791-83831957, 0791-83831866 | zjlt3831866 @163.com | 44-77 | 月刊 | 36-1078/G4 |
| 3 | 《民族教育研究》 | 中央民族大学 | 北京市海淀区中关村南大街 27 号 | 100081 | 010-68932754, 010-68933635 | mzjyyjqk @muc.edu.cn | 82-895 | 双月刊 | 11-2688/G4 |
| 4 | 《教育与职业》 | 中华职业教育社 | 北京市东城区永定门外安乐林路甲 69 号 | 100075 | 010-67214710 （稿件查询） | zazhi1917 @263.net | 82-139 | 半月刊 | 11-1004/G4 |
| 5 | 《职业技术教育》 | 吉林工程技术师范学院 | 吉林省长春市凯旋路 3050 号 | 130052 | 0431-86908094 | cctve@vip. 163.com | 12-73 | 旬刊 | 22-1019/G4 |

续表

| 序号 | 刊名 | 主办单位 | 地址 | 邮编 | 电话 | 电子邮箱 | 邮发代号 | 刊期 | 刊号 |
|------|------|----------|------|------|------|----------|----------|------|------|
| 6 | 《中国特殊教育》 | 中国教育科学研究院 | 北京市北三环中路46号 | 100088 | 010-62003367 | tejiaotougao@126.com | 82-187 | 月刊 | 11-3826/G4 |
| 7 | 《成人教育》 | 黑龙江教师发展学院 | 黑龙江省哈尔滨市南岗区和兴路133号 | 150080 | 0451-82456334 | | 14-4 | 月刊 | 23-1067/G4 |

# 原国家新闻出版广电总局认定的学术期刊目录中
# 中小学教师可投稿的期刊目录

2014 年 4 月，国家新闻出版广电总局启动学术期刊认定工作。同年 9 月 10—12 日，总局成立了学术期刊认定工作领导小组，组建了由 47 位院士、教授等组成的认定专家组，按学科分组进行了审核认定。经过严格审定，在上报的 6176 种期刊中认定了 5756 种学术期刊，并于 11 月 18—24 日在总局网站公示。12 月 10 日，总局网站公布了 5737 种第一批认定的学术期刊名单。2017 年 2 月 6 日，总局在官网发布了《国家新闻出版广电总局关于第二批认定学术期刊认定情况的公示》，入围公示名单的共有 712 种，而 4 月 10 日最终公布的名单有 693 种。

在这 6430 种期刊中，笔者臆断其中中小学教师可投稿的期刊有 175 种，仅供参考。

## 中小学教师可投稿的期刊目录

| 序号 | 原序号 | 刊名 | 主办单位 | 刊期 | 刊号 | 出版地 | 邮发代号 |
|------|--------|------|----------|------|------|--------|----------|
| 第一批次 | | | | | | | |
| 1 | 37 | 《青少年体育》 | 北京体育大学 | 月刊 | 10-1081/G8 | 北京 | |
| 2 | 118 | 《艺术教育》 | 中国文化传媒集团有限公司 | 月刊 | 11-1188/J | 北京 | 82-109 |
| 3 | 159 | 《中学语文教学》 | 首都师范大学 | 月刊 | 11-1277/H | 北京 | 2-32 |
| 4 | 161 | 《体育科学》 | 中国体育科学学会 | 月刊 | 11-1295/G8 | 北京 | 2-436 |
| 5 | 167 | 《中国音乐学》 | 中国艺术研究院 | 季刊 | 11-1316/J | 北京 | 82-185 |

| 序号 | 原序号 | 刊名 | 主办单位 | 刊期 | 刊号 | 出版地 | 邮发代号 |
|---|---|---|---|---|---|---|---|
| 6 | 168 | 《中小学外语教学》 | 北京师范大学 | 半月刊 | 11-1318/G4 | 北京 | 2-31,80-363 |
| 7 | 197 | 《语言教学与研究》 | 北京语言大学 | 双月刊 | 11-1472/H | 北京 | 2-458 |
| 8 | 220 | 《思想政治课教学》 | 北京师范大学 | 月刊 | 11-1589/G4 | 北京 | 2-78 |
| 9 | 223 | 《心理发展与教育》 | 北京师范大学 | 双月刊 | 11-1608/B | 北京 | 2-913 |
| 10 | 251 | 《少年儿童研究》 | 中国青少年研究中心、中国青少年研究会、中国少年先锋队工作学会、中国青年政治学院 | 双月刊 | 11-1748/D | 北京 | 2-469 |
| 11 | 328 | 《化学教育（中英文）》 | 中国化学会、北京师范大学 | 半月刊 | 10-1515/O6 | 北京 | 2-106 |
| 12 | 394 | 《生物学通报》 | 中国动物学会、中国植物学会、北京师范大学 | 月刊 | 11-2042/Q | 北京 | 2-506 |
| 13 | 507 | 《数学通报》 | 中国数学会、北京师范大学 | 月刊 | 11-2254/O1 | 北京 | 2-501 |
| 14 | 573 | 《中国健康教育》 | 中国健康教育中心、中国健康促进与教育协会 | 月刊 | 11-2513/R | 北京 | 82-716 |
| 15 | 580 | 《中国音乐教育》 | 人民音乐出版社有限公司 | 月刊 | 11-2543/J | 北京 | 82-565 |
| 16 | 701 | 《中国学校体育》 | 中国大学生体育协会、中国中学生体育协会 | 月刊 | 11-2999/G8 | 北京 | 2-438 |

| 序号 | 原序号 | 刊名 | 主办单位 | 刊期 | 刊号 | 出版地 | 邮发代号 |
|---|---|---|---|---|---|---|---|
| 17 | 730 | 《体育教学》 | 首都体育学院 | 月刊 | 11-3145/G8 | 北京 | 82-10 |
| 18 | 767 | 《中国考试》 | 教育部教育考试院 | 月刊 | 11-3303/G4 | 北京 | 82-983 |
| 19 | 1099 | 《中国教育技术装备》 | 中国教育装备行业协会 | 半月刊 | 11-4754/T | 北京 | 82-975 |
| 20 | 1112 | 《中国教师》 | 北京师范大学 | 月刊 | 11-4801/Z | 北京 | 82-113 |
| 21 | 1132 | 《基础教育参考》 | 教育部教育管理信息中心 | 月刊 | 11-4889/G4 | 北京 | 82-127 |
| 22 | 1157 | 《中国现代教育装备》 | 中国高等教育学会 | 半月刊 | 11-4994/T | 北京 | 82-651 |
| 23 | 1320 | 《中国教育信息化》 | 教育部教育管理信息中心 | 月刊 | 11-5572/TP | 北京 | 82-761 |
| 24 | 1519 | 《历史教学》 | 历史教学社（天津）有限公司 | 月刊 | 12-1010/G4 | 天津 | 6-4,6-215 |
| 25 | 1576 | 《数学教育学报》 | 天津师范大学 | 双月刊 | 12-1194/G4 | 天津 | 6-132 |
| 26 | 1618 | 《天津师范大学学报（基础教育版）》 | 天津师范大学 | 双月刊 | 12-1315/G4 | 天津 | 6-170 |
| 27 | 1637 | 《职业教育研究》 | 天津职业技术师范大学 | 月刊 | 12-1358/G4 | 天津 | 6-135 |
| 28 | 1700 | 《物理通报》 | 河北省物理学会、中国教育学会物理教学专业委员会 | 月刊 | 13-1084/O4 | 保定 | 18-54 |
| 29 | 1758 | 《教育实践与研究》 | 河北省教育科学研究院 | 旬刊 | 13-1259/G4 | 石家庄 | 18-324,18-326,18-328 |

| 序号 | 原序号 | 刊名 | 主办单位 | 刊期 | 刊号 | 出版地 | 邮发代号 |
|------|--------|------|----------|------|------|--------|----------|
| 30 | 1831 | 《教学与管理》 | 太原师范学院 | 旬刊 | 14-1024/G4 | 太原 | 22-103,22-106,22-151 |
| 31 | 1832 | 《教育理论与实践》 | 山西省教育科学研究院 | 旬刊 | 14-1027/G4 | 太原 | 22-31,22-135,22-162 |
| 32 | 1905 | 《吕梁教育学院学报》 | 吕梁教育学院 | 季刊 | 14-1297/G4 | 离石 | |
| 33 | 1920 | 《校园心理》 | 山西医药卫生传媒集团有限责任公司 | 双月刊 | 14-1326/R | 太原 | 22-129 |
| 34 | 2021 | 《辽宁教育》 | 辽宁教育宣传中心 | 半月刊 | 21-1062/G4 | 沈阳 | 8-52,8-295 |
| 35 | 2145 | 《中小学教学研究》 | 沈阳师范大学 | 双月刊 | 21-1396/G4 | 沈阳 | 8-234 |
| 36 | 2149 | 《大连教育学院学报》 | 大连教育学院 | 季刊 | 21-1408/G4 | 大连 | |
| 37 | 2155 | 《小学数学教育》 | 辽宁教育杂志社 | 半月刊 | 21-1426/G4 | 沈阳 | 8-299 |
| 38 | 2193 | 《中学课程资源》 | 大连理工大学出版社 | 月刊 | 21-1526/G4 | 大连 | 8-272 |
| 39 | 2207 | 《中国数学教育》 | 辽宁北方教育报刊出版有限公司、中国教育学会中学数学教学专业委员会、中国教育学会小学数学教学专业委员会 | 半月刊 | 21-1548/G4 | 沈阳 | 8-264,8-265 |
| 40 | 2259 | 《现代中小学教育》 | 东北师范大学 | 月刊 | 22-1096/G4 | 长春 | 12-164 |
| 41 | 2300 | 《中小学教师培训》 | 东北师范大学 | 月刊 | 22-1214/G4 | 长春 | 12-108 |

| 序号 | 原序号 | 刊名 | 主办单位 | 刊期 | 刊号 | 出版地 | 邮发代号 |
|---|---|---|---|---|---|---|---|
| 42 | 2301 | 《数学学习与研究》 | 吉林省数学会、东北师范大学数学与统计学院 | 旬刊 | 22-1217/O1 | 长春 | 12-377 |
| 43 | 2331 | 《延边教育学院学报》 | 延边州教育学院 | 双月刊 | 22-1303/G4 | 延吉 | |
| 44 | 2340 | 《现代教育科学》 | 吉林省教育科学院 | 双月刊 | 22-1339/G4 | 长春 | 12-261 |
| 45 | 2394 | 《林区教学》 | 黑龙江生态工程职业学院 | 月刊 | 23-1091/S | 哈尔滨 | 14-302 |
| 46 | 2398 | 《教育探索》 | 黑龙江教师发展学院 | 月刊 | 23-1134/G4 | 哈尔滨 | 14-261 |
| 47 | 2502 | 《教书育人》 | 哈尔滨师范大学 | 旬刊 | 23-1439/G4 | 哈尔滨 | 14-280, 14-299, 14-300 |
| 48 | 2571 | 《当代教研论丛》 | 哈尔滨学院 | 月刊 | 23-1586/G4 | 哈尔滨 | 14-352 |
| 49 | 2577 | 《化学教学》 | 华东师范大学 | 月刊 | 31-1006/G4 | 上海 | 4-324 |
| 50 | 2578 | 《华东师范大学学报（教育科学版）》 | 华东师范大学 | 月刊 | 31-1007/G4 | 上海 | 4-395 |
| 51 | 2579 | 《生物学教学》 | 华东师范大学 | 月刊 | 31-1009/G4 | 上海 | 4-450 |
| 52 | 2582 | 《历史教学问题》 | 华东师范大学 | 双月刊 | 31-1016/G4 | 上海 | 4-326 |
| 53 | 2583 | 《地理教学》 | 华东师范大学 | 半月刊 | 31-1022/G4 | 上海 | 4-388 |
| 54 | 2584 | 《数学教学》 | 华东师范大学 | 月刊 | 31-1024/G4 | 上海 | 4-357 |
| 55 | 2585 | 《物理教学》 | 中国物理学会 | 月刊 | 31-1033/G4 | 上海 | 4-284 |

| 序号 | 原序号 | 刊名 | 主办单位 | 刊期 | 刊号 | 出版地 | 邮发代号 |
|---|---|---|---|---|---|---|---|
| 56 | 2594 | 《上海教育科研》 | 上海市教育科学研究院普通教育研究所 | 月刊 | 31-1059/G4 | 上海 | 4-720 |
| 57 | 2596 | 《语文学习》 | 上海教育出版社有限公司 | 月刊 | 31-1070/H | 上海 | 4-253 |
| 58 | 2597 | 《小学数学教师》 | 上海教育出版社有限公司 | 月刊 | 31-1071/G4 | 上海 | 4-312 |
| 59 | 2605 | 《中小学英语教学与研究》 | 华东师范大学 | 月刊 | 31-1122/G4 | 上海 | 4-327 |
| 60 | 2754 | 《上海中学数学》 | 上海师范大学 | 月刊 | 31-1572/G4 | 上海 | 4-369 |
| 61 | 2822 | 《思想政治课研究》 | 华东师范大学 | 双月刊 | 31-1771/G4 | 上海 | 4-902 |
| 62 | 2848 | 《全球教育展望》 | 华东师范大学 | 月刊 | 31-1842/G4 | 上海 | 4-358 |
| 63 | 2877 | 《基础教育》 | 华东师范大学 | 双月刊 | 31-1914/G4 | 上海 | 4-740 |
| 64 | 2978 | 《文教资料》 | 南京师范大学 | 半月刊 | 32-1032/C | 南京 | 28-331 |
| 65 | 3036 | 《物理教师》 | 苏州大学 | 月刊 | 32-1216/O4 | 苏州 | 28-77 |
| 66 | 3041 | 《中学生物学》 | 南京师范大学 | 月刊 | 32-1232/Q | 南京 | 28-68 |
| 67 | 3060 | 《中国美术教育》 | 南京师范大学 | 双月刊 | 32-1300/G4 | 南京 | 28-66 |
| 68 | 3062 | 《物理之友》 | 南京师范大学、南京物理学会 | 月刊 | 32-1307/O4 | 南京 | |
| 69 | 3114 | 《中学数学月刊》 | 苏州大学 | 月刊 | 32-1444/O1 | 苏州 | 28-75 |

| 序号 | 原序号 | 刊名 | 主办单位 | 刊期 | 刊号 | 出版地 | 邮发代号 |
|---|---|---|---|---|---|---|---|
| 70 | 3265 | 《教育研究与评论》 | 江苏凤凰报刊出版传媒有限公司 | 旬刊 | 32-1791/G4 | 南京 | 28-401,28-402,28-385 |
| 71 | 3308 | 《中小学音乐教育》 | 浙江省文学艺术界联合会、浙江省音乐家协会 | 月刊 | 33-1044/J | 杭州 | 32-44 |
| 72 | 3312 | 《中学教研（数学）》 | 浙江师范大学 | 月刊 | 33-1069/G4 | 金华 | 32-17 |
| 73 | 3398 | 《教学月刊（小学版）》 | 浙江外国语学院 | 旬刊 | 33-1280/G4 | 杭州 | 32-52,32-152,32-151 |
| 74 | 3569 | 《美术教育研究》 | 时代出版传媒股份有限公司、安徽省科学教育研究会 | 半月刊 | 34-1313/J | 合肥 | 26-227,26-231 |
| 75 | 3581 | 《教育评论》 | 福建省教育科学研究所、福建省教育学会 | 月刊 | 35-1015/G4 | 福州 | 34-52 |
| 76 | 3649 | 《福建教育学院学报》 | 福建教育学院 | 月刊 | 35-1240/G4 | 福州 | |
| 77 | 3711 | 《中学数学研究》 | 江西师范大学数学与信息科学学院 | 月刊 | 36-1100/O1 | 南昌 | 44-33 |
| 78 | 3742 | 《豫章师范学院学报》（原名《南昌教育学院学报》） | 豫章师范学院 | 双月刊 | 36-1351/G4 | 南昌 | |
| 79 | 3772 | 《教育学术月刊》 | 江西省教育评估监测研究院、江西省教育学会 | 月刊 | 36-1301/G4 | 南昌 | 44-97 |

| 序号 | 原序号 | 刊名 | 主办单位 | 刊期 | 刊号 | 出版地 | 邮发代号 |
|---|---|---|---|---|---|---|---|
| 80 | 3930 | 《汉字汉语研究》（原名《语文知识》） | 郑州大学 | 季刊 | 41-1450/H | 郑州 | 80-895 |
| 81 | 3931 | 《美与时代》 | 郑州大学美学研究所、河南省美学学会 | 周刊 | 41-1061/B | 郑州 | 36-107,36-113,36-262,36-360 |
| 82 | 4091 | 《教育研究与实验》 | 华中师范大学 | 双月刊 | 42-1041/G4 | 武汉 | 38-144 |
| 83 | 4120 | 《数学杂志》 | 武汉大学、湖北省数学学会、武汉数学学会 | 双月刊 | 42-1163/O1 | 武汉 | 38-71 |
| 84 | 4122 | 《中学数学》 | 湖北大学 | 半月刊 | 42-1167/O1 | 武汉 | 38-69,38-225 |
| 85 | 4212 | 《学校党建与思想教育》 | 湖北长江报刊传媒（集团）有限公司 | 半月刊 | 42-1422/D | 武汉 | 38-328 |
| 86 | 4275 | 《中小学实验与装备》 | 湖北省教育考试院、湖北省教育技术装备处 | 双月刊 | 42-1685/N | 武汉 | 38-79 |
| 87 | 4324 | 《科教导刊》 | 湖北长江报刊传媒（集团）有限公司 | 旬刊 | 42-1795/N | 武汉 | |
| 88 | 4354 | 《教师教育论坛》 | 华中师范大学 | 月刊 | 42-1846/G4 | 武汉 | 38-436,38-546 |
| 89 | 4366 | 《学前教育研究》 | 中国学前教育研究会、长沙师范学院 | 月刊 | 43-1038/G4 | 长沙 | 42-166 |
| 90 | 4367 | 《湖南中学物理》 | 湖南师范大学 | 月刊 | 43-1041/O3 | 长沙 | |

| 序号 | 原序号 | 刊名 | 主办单位 | 刊期 | 刊号 | 出版地 | 邮发代号 |
|---|---|---|---|---|---|---|---|
| 91 | 4376 | 《实验教学与仪器》 | 教育部基础教育课程教材发展中心、长沙理工大学 | 月刊 | 43-1094/G4 | 长沙 | 42-87 |
| 92 | 4465 | 《当代教育论坛》 | 湖南省教育科学研究院 | 双月刊 | 43-1391/G4 | 长沙 | 42-305 |
| 93 | 4514 | 《当代教育理论与实践》 | 湖南科技大学 | 双月刊 | 43-1492/G4 | 湘潭 | 42-358 |
| 94 | 4556 | 《中学数学研究》 | 江西师范大学数学与信息科学学院 | 月刊 | 36-1100/O1 | 南昌 | 44-33 |
| 95 | 4557 | 《语文月刊》 | 华南师范大学 | 月刊 | 44-1143/H | 广州 | 46-88 |
| 96 | 4619 | 《现代教育论丛》 | 广东省教育科学研究所 | 双月刊 | 44-1361/G4 | 广州 | 46-341 |
| 97 | 4620 | 《教育导刊》 | 广州市教育研究院 | 月刊 | 44-1371/G4 | 广州 | 46-73 |
| 98 | 4674 | 《教育信息技术》 | 广东省电化教育馆 | 月刊 | 44-1529/G4 | 广州 | 46-255 |
| 99 | 4738 | 《中小学德育》 | 华南师范大学 | 月刊 | 44-1682/G4 | 广州 | 46-252 |
| 100 | 4742 | 《课程教学研究》 | 广东教育出版社有限公司 | 月刊 | 44-1690/G4 | 广州 | 46-213 |
| 101 | 4766 | 《广西教育学院学报》 | 广西教育学院 | 双月刊 | 45-1076/G4 | 南宁 | |
| 102 | 4770 | 《基础教育研究》 | 广西教育学会 | 半月刊 | 45-1094/G4 | 南宁 | 48-180 |
| 103 | 4882 | 《物理教学探讨》 | 西南大学 | 月刊 | 50-1061/G4 | 重庆市 | 78-75 |

| 序号 | 原序号 | 刊名 | 主办单位 | 刊期 | 刊号 | 出版地 | 邮发代号 |
|---|---|---|---|---|---|---|---|
| 104 | 5127 | 《教育科学论坛》 | 四川省教育科学研究所 | 旬刊 | 51-1696/G4 | 成都 | 62-45 |
| 105 | 5144 | 《教育与教学研究》 | 成都大学 | 月刊 | 51-1720/G4 | 成都 | |
| 106 | 5151 | 《当代职业教育》 | 四川开放大学 | 双月刊 | 51-1728/G4 | 成都 | 62-192 |
| 107 | 5168 | 《贵州教育》 | 贵州教育期刊发展有限公司 | 半月刊 | 52-1030/G4 | 贵阳 | |
| 108 | 5292 | 《西藏教育》 | 西藏自治区教育科学研究院 | 月刊 | 54-1011/G4 | 拉萨 | |
| 109 | 5501 | 《甘肃教育》 | 甘肃教育社 | 半月刊 | 62-1024/G4 | 兰州 | 54-9 |
| 110 | 5515 | 《数学教学研究》 | 西北师范大学、甘肃省数学会 | 双月刊 | 62-1042/O | 兰州 | 54-50 |
| 111 | 5558 | 《兰州职业技术学院学报》(原《兰州教育学院学报》) | 兰州职业技术学院 | 双月刊 | 62-1220/G4 | 兰州 | |
| 112 | 5581 | 《当代教育与文化》 | 西北师范大学 | 双月刊 | 62-1202/G4 | 兰州 | 54-186 |
| 113 | 5590 | 《青海教育》 | 青海省教育厅 | 月刊 | 63-1006/G4 | 西宁 | |
| 114 | 5696 | 《兵团教育学院学报》 | 兵团教育学院 | 双月刊 | 65-1196/G4 | 石河子 | |
| 第二批次 | | | | | | | |
| 115 | 82 | 《教育与装备研究》 | 教育部教育装备研究与发展中心 | 月刊 | 10-1415/G4 | 北京 | 82-848 |
| 116 | 92 | 《教育研究》 | 中国教育科学研究院 | 月刊 | 11-1281/G4 | 北京 | 2-277 |

| 序号 | 原序号 | 刊名 | 主办单位 | 刊期 | 刊号 | 出版地 | 邮发代号 |
|---|---|---|---|---|---|---|---|
| 117 | 114 | 《中小学管理》 | 北京教育融媒体中心 | 月刊 | 11–2545/G4 | 北京 | 82–372 |
| 118 | 147 | 《中国电化教育》 | 教育部教育技术与资源发展中心（中央电化教育馆） | 月刊 | 11–3792/G4 | 北京 | 2–107 |
| 119 | 173 | 《中小学信息技术教育》 | 北京教育融媒体中心 | 月刊 | 11–4860/G4 | 北京 | 2–103 |
| 120 | 217 | 《天津市教科院学报》 | 天津市教育科学研究院 | 双月刊 | 12–1303/G4 | 天津 | 6–150 |
| 121 | 235 | 《语文教学通讯》 | 山西师大教育科技传媒集团有限公司、山西师大资产经营有限公司 | 周刊 | 14–1017/G4 | 太原 | 22–45,22–46,22–178,22–286 |
| 122 | 272 | 《黑河教育》 | 黑河日报社 | 月刊 | 23–1121/G4 | 黑河 | |
| 123 | 306 | 《教育参考》 | 上海教育出版社有限公司 | 双月刊 | 31–2091/G4 | 上海 | 4–288 |
| 124 | 322 | 《化学教与学》 | 南京师范大学 | 半月刊 | 32–1482/G4 | 南京 | 28–407 |
| 125 | 334 | 《职教通讯》 | 江苏理工学院 | 月刊 | 32–1806/G4 | 常州 | 28–187 |
| 126 | 361 | 《中学数学教学》 | 合肥师范学院、安徽师范大学、安徽省数学学会 | 双月刊 | 34–1070/O1 | 合肥 | 26–7 |
| 127 | 365 | 《科教文汇》 | 安徽省老科技工作者协会、安徽省科学教育研究会 | 半月刊 | 34–1274/G | 合肥 | 26–205 |
| 128 | 374 | 《中学理科园地》 | 福建省物理学会 | 双月刊 | 35–1282/O4 | 福州 | |

| 序号 | 原序号 | 刊名 | 主办单位 | 刊期 | 刊号 | 出版地 | 邮发代号 |
|---|---|---|---|---|---|---|---|
| 129 | 375 | 《福建基础教育研究》 | 福建教育学院 | 月刊 | 35-1298/G4 | 福州 | 34-125, 34-126 |
| 130 | 382 | 《小学教学研究》 | 江西教育出版社有限责任公司 | 旬刊 | 36-1052/G4 | 南昌 | 28-410, 28-411, 28-412 |
| 131 | 421 | 《基础外语教育》 | 山东师范大学、外语教学与研究出版社有限责任公司 | 双月刊 | 37-1509/H | 济南 | 80-484 |
| 132 | 447 | 《新课程研究》 | 湖北长江报刊传媒（集团）有限公司 | 旬刊 | 42-1778/G4 | 武汉 | 38-345, 38-363, 38-433 |
| 133 | 463 | 《中学历史教学》 | 华南师范大学 | 月刊 | 44-1142/G4 | 广州 | 46-79 |
| 134 | 483 | 《小学教学参考》 | 南宁师范大学 | 旬刊 | 45-1233/G4 | 南宁 | 48-38, 48-39, 48-40 |
| 135 | 487 | 《教育观察》 | 广西师范大学出版社集团有限公司 | 旬刊 | 45-1388/G4 | 桂林 | 48-216, 48-217, 48-362 |
| 136 | 541 | 《中学数学教学参考》 | 陕西师范大学 | 旬刊 | 61-1032/G4 | 西安 | 52-30, 52-273, 52-320 |
| 137 | 542 | 《中学化学教学参考》 | 陕西师范大学 | 旬刊 | 61-1034/G4 | 西安 | 52-32, 52-69, 52-321 |
| 138 | 543 | 《中学历史教学参考》 | 陕西师范大学 | 旬刊 | 61-1036/G4 | 西安 | 52-28, 52-67, 52-332 |
| 139 | 547 | 《中学生物教学》 | 陕西师范大学 | 旬刊 | 61-1256/G4 | 西安 | 52-124, 52-338, 52-334 |

| 序号 | 原序号 | 刊名 | 主办单位 | 刊期 | 刊号 | 出版地 | 邮发代号 |
|---|---|---|---|---|---|---|---|
| 140 | 568 | 《宁夏教育》 | 宁夏教育科学研究所 | 月刊 | 64-1003/G4 | 银川 | 74-36 |
| 141 | 589 | 《北京教育》 | 北京教育融媒体中心 | 旬刊 | 11-1129/G4 | 北京 | 82-482,2-104 |
| 142 | 594 | 《汉字文化》 | 北京国际汉字研究会 | 半月刊 | 11-2597/G2 | 北京 | 82-381 |
| 143 | 603 | 《中小学心理健康教育》 | 开明出版社 | 旬刊 | 11-4699/G4 | 北京 | 2-925 |
| 144 | 612 | 《语文教学之友》 | 廊坊师范学院 | 月刊 | 13-1044/G4 | 廊坊 | 18-97 |
| 145 | 615 | 《学周刊》 | 河北行知文化传媒有限责任公司 | 旬刊 | 13-1379/G4 | 石家庄 | 18-379 |
| 146 | 618 | 《名师在线（中英文）》 | 《英语周报》社有限公司 | 旬刊 | 14-1409/G4 | 太原 | 22-402 |
| 147 | 620 | 《内蒙古教育》 | 内蒙古出版集团有限责任公司 | 月刊 | 15-1044/G4 | 呼和浩特 | 16-6 |
| 148 | 624 | 《课程教育研究》 | 内蒙古大学出版社有限责任公司 | 月刊 | 15-1362/G4 | 呼和浩特 | |
| 149 | 627 | 《基础教育论坛》 | 辽宁北方教育报刊出版有限公司 | 半月刊 | 21-1565/G4 | 沈阳 | 8-268,8-316 |
| 150 | 629 | 《中小学电教》 | 吉林省电化教育馆 | 月刊 | 22-1044/G4 | 长春 | 12-85 |
| 151 | 632 | 《成才之路》 | 黑龙江省创联文化传媒有限公司 | 旬刊 | 23-1437/G4 | 哈尔滨 | 14-2 |
| 152 | 634 | 《数理化学习》 | 哈尔滨师范大学 | 旬刊 | 23-1575/G4 | 哈尔滨 | 14-181,14-188,14-186 |

| 序号 | 原序号 | 刊名 | 主办单位 | 刊期 | 刊号 | 出版地 | 邮发代号 |
|---|---|---|---|---|---|---|---|
| 153 | 637 | 《早期教育》 | 江苏教育报刊总社 | 周刊 | 32-1099/G4 | 南京 | 28-101, 28-102, 28-274, 28-427 |
| 154 | 639 | 《现代特殊教育》 | 江苏教育报刊总社 | 半月刊 | 32-1344/G4 | 南京 | 28-463 |
| 155 | 640 | 《初中数学教与学》 | 扬州大学 | 月刊 | 32-1392/G4 | 扬州 | 28-152 |
| 156 | 641 | 《高中数学教与学》 | 扬州大学 | 月刊 | 32-1398/G4 | 扬州 | 28-151 |
| 157 | 642 | 《江苏教育》 | 江苏教育报刊总社 | 周刊 | 32-1410/G4 | 南京 | 28-1, 28-2, 28-486, 28-489 |
| 158 | 643 | 《数学之友》 | 南京师范大学、南京数学学会 | 半月刊 | 32-1707/O1 | 南京 | 28-516 |
| 159 | 644 | 《教育视界》 | 江苏凤凰报刊出版传媒有限公司 | 周刊 | 32-1848/G4 | 南京 | 28-466, 28-467, 28-468, 28-517 |
| 160 | 645 | 《教学月刊（中学版）》 | 浙江外国语学院 | 旬刊 | 33-1279/G4 | 杭州 | 32-51, 32-155, 32-156 |
| 161 | 649 | 《新教师》 | 福建教育出版社 | 月刊 | 35-1315/G4 | 福州 | |
| 162 | 650 | 《幼儿教育研究》 | 福建人民出版社有限责任公司 | 双月刊 | 35-1326/G4 | 福州 | 34-115 |
| 163 | 651 | 《江西教育》 | 江西教育传媒集团有限公司 | 周刊 | 36-1048/G4 | 南昌 | 44-1, 44-6, 44-54, 44-150 |

| 序号 | 原序号 | 刊名 | 主办单位 | 刊期 | 刊号 | 出版地 | 邮发代号 |
|------|--------|------|----------|------|------|--------|----------|
| 164 | 653 | 《教师博览》 | 江西教育传媒集团有限公司 | 旬刊 | 36-1222/G4 | 南昌 | 44-32,44-76 |
| 165 | 656 | 《中学数学杂志》 | 曲阜师范大学 | 月刊 | 37-1116/O1 | 曲阜 | 24-68,24-133 |
| 166 | 658 | 《现代语文》 | 曲阜师范大学 | 月刊 | 37-1333/G4 | 曲阜 | 24-212 |
| 167 | 660 | 《当代教育科学》 | 山东省教育科学研究院 | 月刊 | 37-1408/G4 | 济南 | 24-164 |
| 168 | 664 | 《写作》 | 武汉大学 | 双月刊 | 42-1088/H | 武汉 | 38-63 |
| 169 | 675 | 《数学教学通讯》 | 西南大学、重庆数学学会 | 旬刊 | 50-1064/G4 | 重庆 | 78-122,78-125,78-18 |
| 170 | 677 | 《地理教育》 | 重庆师范大学 | 月刊 | 50-1089/K | 重庆 | 78-19 |
| 171 | 682 | 《教育考试与评价》 | 四川省招生考试指导中心 | 月刊 | 51-1766/G4 | 成都 | |
| 172 | 688 | 《中学政治教学参考》 | 陕西师范大学 | 周刊 | 61-1030/G4 | 西安 | 52-20,52-278,52-243,52-336 |
| 173 | 689 | 《中学语文教学参考》 | 陕西师范大学 | 周刊 | 61-1031/G4 | 西安 | 52-21,52-279,52-323,52-340 |
| 174 | 690 | 《中学物理教学参考》 | 陕西师范大学 | 旬刊 | 61-1033/G4 | 西安 | 52-31,52-337,52-333 |
| 175 | 691 | 《中学地理教学参考》 | 陕西师范大学 | 旬刊 | 61-1035/G4 | 西安 | 52-29,52-68,52-322 |

# 作嫁衣裳　薪火相传[①]

　　我的专业是文学，从事编辑工作是半路出家，无师自通——不，我心中有一个永远的老师，她教给我为人作嫁衣裳的耐心、细致与艺术。

　　那一年不是1988年就是1989年，大约春季刚开学吧，我收到一封来自福建教育出版社的信，我的心怦怦地跳起来。那时的我是个文学爱好者，刚从中师毕业，在山村教书，却经常往各大城市的编辑部投稿。不过那被邮差拿走的信，都如仙人的坐骑——黄鹤一般，一去就不复返了。这下子中了，你看那信轻轻的，一定是录用通知书！

　　我躲到一个无人的角落，轻轻地把信封撕开。我要一个人静静地享受这成功的喜悦。信封里飘出几张小小的书签，还有一页书信，信里提了所投之稿的几个缺点，还有感谢来稿的话。失望的惆怅袭上心头！但是我记住了信末编辑的署名：邓诗霞。娟秀的字迹和浪漫的名字让那个年轻的文学爱好者展开联翩的浮想，还有那些漂亮的书签，墨香沁入心脾，顿时让失败感不沉入心底，而化作缕缕轻烟，飘散开去。

　　能收到退稿信已是件不错的事了，那些年我投了不少稿件，只收到过邓诗霞和《厦门文学》谢春池两人寄的退稿信。编辑部到底是个什么样的地方？为什么我的稿件不会被录用？怀着这样强烈的好奇心，我考到福建教育学院进修。没想到，福建教育出版社就在学院的隔壁！每次从它门前经过，我都肃然起敬地朝里望一望。在这里进进出出的人，必定都是满腹经纶，写得一手好文章，而且诲人不倦，有着菩萨般的心肠。哪位是邓诗霞呢？我就把校园里最美的女生比作她吧。

　　爱好文学，必然与图书馆结缘。看到学院图书馆张贴出招募图书管理志愿者的告示，我马上应征，就这样我认识了当时流通科的科长周石老师。当后来得知周老

---

① 原载《开放潮》2008年第8期，原题《又见诗霞》。

师的丈夫是出版社的副社长杨青楚时，我不由对周老师生出几分格外的敬意。周老师发挥我会写毛笔字的特长（谈不上书法），让我定期出版《新书简介》；她如慈母般疼爱我，请我到她家里吃饭，还让杨先生写书法条幅送我。杨先生写的是"清光依日月 逸思绕风云"，作品在魏碑的风骨里略带隶意，刚柔相济，颇见功力。我把杨先生写的条幅挂在宿舍的墙上，时时勉励自己。毕业后搬过不少次家，我一直把这幅书法珍藏在身边。我记得，当我第一次恭恭敬敬地在杨先生面前说话时，小心翼翼地提起，出版社是不是有个叫邓诗霞的编辑，周老师替他回答，简要介绍了邓诗霞的近况。我不记得，当周老师说邓已是个孩子的妈妈时，当年那个年轻人的心头是不是掠过些许的失望。

第一次见到邓诗霞是在餐桌上。那时我也成了一个编辑，既然是圈内人，自然会碰到一起。邓的丈夫长得很帅，而邓本人则比我想象里的要逊色一些，不那么窈窕，不那么长发飘飘，也不那么明眸善睐。我作为配角，有时间慢慢地观察她。当知道她是北京师范大学的高材生时，我顿时觉得她身上有无穷的宝藏可以挖掘。她身上最有魔力的地方，就是说话的语调。她说话总是那样的慢条斯理，那样的轻声细语，而且略带那么一点点的奶声奶气，像是咬字不够十分的清晰，又略像是撒娇。听她说话，就像听一首慢三拍的抒情曲子，尽可以微眯双眼慢慢地受用。很难想象这样的人被惹急了是怎样的一副样子，也很难想象这样的人遇事会不会慌忙、紧张。这种贤妻慈母型的女子，做需要耐心细致的编辑活儿绝对是一流的好料子。

后来一些零星的听闻和接触，不断地印证着我对她的第一印象。我有个小老乡叫吴慧泉，大专刚毕业就进入了出版社。原来，他是个写文章的好手！而这个"好手"就是邓诗霞发现并培养起来的。听说他还是个小学生的时候，就通过投稿，在福建南大门诏安县的一个小山村里，和省城的大编辑邓诗霞结下了深厚的友谊。吴惠泉在信中尊称当时尚未结婚的邓诗霞为"奶奶"，这在福建教育出版社传为佳话，人们都戏称诗霞为"邓奶奶"。此后两人书信不断，直到吴慧泉到厦门读大学，邓诗霞才借出差之机同他见上了面。也许正因为有这一层因缘，吴慧泉才到了出版社工作；后来，听说也正是为邓诗霞打抱不平的缘故，吴慧泉愤而离开了福州。是真正的才子，总要有大的作为，如今吴慧泉已是厦门晚报的副总编了。不知这段佳话，在我之前有没有人诉诸笔墨。总之，我听完之后，不由对邓诗霞又增添了几分的敬意。后来有一次为了工作上的事情，也曾去麻烦过她，虽然她最终也没帮上忙，但她笑脸相迎，并给了详细的答复，全无一点儿大出版社里大编辑的架子。口碑具有无形的威力。有一次，出版社发到福建省闽清县教育局的货被退回了，邮递员误送到我们办公室里来，我一看上面的联系人有"邓诗霞"三个字，就赶忙通过多种途径找到她办公室的电话。那几天可能她出差了，电话老是无人接听，让我老把这事搁在心上，连续打了几天才打通，她让陈玉龙和沈国才两位男士来扛回去。这无形就为出版社挽回了好几百元的损失——这不是我的功劳，而是邓诗霞人格魅力之所向。

邓诗霞曾任《开放潮》的常务副主编，她主编的期刊我都找来好好地研读。这本期刊做得非常好，作为她的同行，我自愧不如。特别是她和她带领的团队，又是开博客，又是公开电子信箱，又是建立 QQ 群，及时地、很好地同读者、作者互动，这在当年的期刊界是很少有人能做到的。真想再做一回她的作者，哪怕收到她的退稿信也好，因为那里面会含有柔柔的情意。

# 谆谆教导　悉心指导 [①]

## ——记赖一郎老师对我的论文的指导

　　第一次带着文稿去福建教育学院，是慕名而去的。因为和赖老师通过电话，感受到他的亲切，所以斗胆前去拜访。

　　非常荣幸，在教育学院我得到赖老师的接待和指导。那次论文的题目我写的是"论作文创新思维"，老师看完论文，认为：创新思维是个很大的题目，宜写成一本书，在一篇论文中是无法阐述清楚的。一篇论文只有选一个话题，才能论述清楚，阐释透彻。文中几个部分如命题创新、发展个性化、思路求新、突破思维定势、语言思新等都是很大的题材，部分都没有讲述清楚，更不用说整体了。老师还指出布局文章时应该把主要部分放在第一部分，按照从主要到次要、从详到略进行，文章层次才会分明。文章被否定，我很失望，但是得到赖老师的指导，我感到收获很大。赖老师看完我的文章，觉得可以选其中一部分如命题创新来写，又让我重新有了希望。

　　回去之后，我拿出稿件，再次认真查看，不由赞叹赖老师作为专家的眼光。的确，文章内容是空洞的，论述时泛泛而谈，各个论点都是蜻蜓点水。既然赖老师给我拟好了题目，那我就有目标和方向了。于是，我再次信心百倍。可当我再次动笔时，我发现，举步维艰，我只是一个普通老师，未参加过命题课题研究，若仅从命题角度来写当然无从下笔。于是我选择个性化话题，从"采用多维命题，促进个性化发展""指导学生留心观察，体验生活""呵护学生的灵性，挖掘学生的个性"这三个方面来论述，洋洋洒洒三千字。

　　当我再次交上文稿时，老师又给了我一个否定，认为题材还是太大，内容太泛。

---

[①]　本文为作者来稿时的原稿，后经笔者修改，题目定为"以论文写作提升教育理念——我的第一篇教学论文诞生记"，文章刊登于《福建基础教育研究》2011年第10期（正文亦有改动）。

他强调，论文就要口子小，挖得深，挖得透；基层教师要从自己的教学案例出发，归纳得出经验和结论。他很认真地看完我的文章，认为第二部分较切合我的实际教学，于是定题为"指导学生留心观察，用心体会"，并告诫我一定要从自己的教学实际出发，要有实际内容，并帮我梳理了写作的思路。

题目有了，思路也变得清晰了，接下来就是动笔了。我牢记赖老师的话，从自己的教学实际出发，把文章分为两大部分，从留心观察和用心体会来写，还写了很多例子。稿件发过去后，赖老师又特地打来电话，交代我要写出指导的过程，才能切合题目，体现教师的主导性。他又把修改的稿件发送给我，稿件里面需要修改、增添的部分，都用红色标明，包括文章的出处、段落的衔接等，他都一一进行标注。类似这样的修改，我和赖老师来来回回共四次，每一次赖老师都很耐心、及时。

说实话，一篇文章几易文稿，我自己都有点灰心，但赖老师不厌不烦、谆谆教导，令我惭愧，也让我振奋。赖老师是专家，我非常有幸得到他对我的指导。我特别感动的是：赖老师指导我的写作，给我提出修改意见，并不以学者专家自居、高高在上，点评时总能体谅我是一线教师，总能谆谆教导，帮我定下题目，让我有话可说、有题可写，并不厌其烦地帮我修改。我的文章能写下来，与赖老师的关心和帮助是分不开的。

赖老师的敬业精神令我感动，赖老师的人格也令我叹服。我和赖老师素不相识，我只是久闻大名，便试着带着文稿去请教，但他并不拒之门外，而是认真地看文章，耐心地听我的构思，提出很多中肯的意见，并多次打电话指导，直至文章完稿。

严谨治学、平和率直，也许是赖老师的性格，他并不以为意，但对我却有极深刻的影响。笔拙难以表达，籍此文，再次衷心地感谢赖老师！

福州第四十中学　廖素娥

# 他，温暖了我的梦

## ——记与一郎先生三面

在人生的长途中碰上好些人，大多只是匆匆过客，但总有那么些人能陪伴你走过一程又一程，让你刻骨铭心。

这让我想起了一郎先生。自知道他的名字起至今已有18年之久，在这18年里，我和他也只有三次谋面，没想到他却在我的生命里留下了几抹浓墨重彩，温暖了我的梦想。

## 一

中学时代，我是个做着"文学梦"的孩子。那时候，学校订了份《中学生周报》（一郎先生任编辑）让我们阅读。在读了刊登其上的文学大家及同龄人的文章之后，我也偷偷地写起文章来，做起了"文学梦"。第一次把那篇怀念亡母的《失信的诺言》寄给《中学生周报》后，没想到竟发表了，而编辑就是一郎先生。也就是这一次的发表，让我在学校从"名不见经传"变成了"文学明星"，从此我便一发不可收拾地写了下去，"文学梦"愈加膨胀，愈加丰富多彩，文章也陆续得以发表。可以说，中学阶段发表的文章，大部分是经过一郎先生润色斧正，才能在报刊上熠熠生辉。

曾经想写封感谢信给他，但都没有提起笔来。倒是一郎先生给我写来一封简短的信，信中勉励我要多看书、多写，并且不要耽误学业。我把那封信看了好多遍，想象着一郎先生的样貌，他也许是个和蔼的人，也许是个古板严肃的人吧！那时我还没办法体会到一郎先生的关爱之心，只是很兴奋。现在回想起来，才大有感悟：一个编辑主动给一个小作者写信，那是多好的心啊，又有几人能做到呢！奈何那时家境艰难，又山重水隔，不然还真想乘车去福州拜会他呢。

此后又过了三年，才有了第一次的见面。

高一年级上学期时，有一天刚上完体育课，年段长要我到校长室。刚进校长办公室，一位中等身材、穿着短袖衬衫、目光温和、类似老师模样的人看见我就问："这就是金塔同学吧！"那声音，充满了亲切，让人不觉得陌生。

在校长的介绍下，我才知道，在我面前的就是一郎先生！

短暂的会面里，他先问起体育课为什么坐在沙坑边上，我说身体有点不舒服。原来他早来了并且在旁边观察我呢！接着问起我的梦想是什么。我不假思索地回答"以后想当个作家"。一郎先生一听便拍手道："很好的梦想，那可要用功学习，破万卷书咯！"我说"好的"，并下定决心，不让他失望。此时已是夕阳西下，他很快就要回福州了。我目送一郎先生上了专车，他的背影在我的视野里蓦然高大起来。晚霞洒满了校园的绿树，挽留不住那一声"再见"。

## 二

为了"文学梦"，我上了集美大学中文系。大学期间我谨记一郎先生的话，多读多写，为我的梦想而努力。只是一直不见成效，便沉寂下来，毕业后工作、结婚生子，曾经的"文学梦"渐被世俗销蚀了。只是一郎先生一直让我念念不忘，尽管时间飞逝，青春不再。

从一郎先生身上，我还看到一位师者的爱，一种宽广博大的爱。这种爱不因距离而陌生，也不因时间而衰减。他让我明白了爱在教书育人上的魅力与影响：有时候，简单的一个举动都可以影响一个学生的一生。而在毕业后成为一名语文老师的我，在每次批改学生作文，遇到真切性情的文章时，都会想起中学时代的自己，幸蒙一郎先生的厚爱而让作品见报。我决定把这份爱传递下去，默默影响可能影响到的每个学生。记得2012届的一个学生，因父亲好赌，母亲跑回了贵州老家，从此不归。在几次的周记里我看到了他那感伤的文字，看到了一个孩子孤独的内心。我找机会先和他谈心，不久又去了一趟他家，和他父亲深谈了一次。从这之后，这个学生读书更加用功了，特别是作文进步最大，更重要的是，我再也没有看到以前那些伤感甚至颓废的文字了。毕业的时候，他告诉我他的梦想是要当一名老师，这让我欣喜，也让我看到了教育的力量。

如此，虽然我的"文学梦"不能实现，但能够像一郎先生那样用爱去温暖学生的梦想，让学生的梦想开花，也是一件美好的事。

但我还是会在寂静的时候反思自己：工作后读的书少了，写作更少了，何以温暖他人的梦想呢？这是让我痛心的一个事实，一些人生际遇，一些所想所感，就沦为所谓的"琐屑"，不值一写了。

我恐怕要辜负一郎先生的期望了。

痛定思痛之下，我开始读书，也开始写文章，除了文学作品，我也写一些学科教学论文。没想到在学科教学论文上，一郎先生再次给了我很大的帮助。

不经意寄了篇《寓乐于教——高中文言文创新教法》给一郎先生，很快便得到了回复，并附回标记修改位置的原文。小方面的有语法、修辞的修改；大方面的有论证及结构的修改指导，好像是他亲自在我旁边指导一样。而此时，我记忆中的一郎先生的模样已有些模糊，毕竟从那次别离后已有十年未见。但我还是像孩子一样闭上眼想象着他的样子，那个滋味，跟十几年前一样美好。

很快，我把修改稿发给了一郎先生，接着文章在他的修正下发表在《福建基础教育研究》上。这是我平生第一次发表学术论文，也算是在写作领域上的开拓吧。

也许，冥冥之中，穿越漫长时空，一郎先生注定是我的恩师吧！

# 三

6月的福州热得让人窒息，我被派到福州参加高考阅卷工作。临行前，我想，这次一定要去拜会一郎先生。高考阅卷完的晚上，我从福州师范大学打车去见一郎先生，因堵车，我过了好久才到一郎先生的单位门口。他笑呵呵地出来接我，他那些白发是那么刺眼，让我突然有"年年岁岁花相似，岁岁年年人不同"之感。一郎先生的热情和关怀仍然未变，嘘寒问暖之余，问我最近读什么书，写什么作品，我很是惭愧，肚中墨水早已风干，答不出个好来。

我才知道，一郎先生还在攻读文学博士，认真写书，孜孜以求，不舍不弃。此时，我只能投以"高山仰止"的敬意。

子在川上曰："逝者如斯夫。"对于我，逝去的不只是梦想，还有一颗守住寂寞的心；对于一郎先生，则是看不到曾经那个书生意气的我了，还有自己逝去的青春。

倘若时光能够倒流，那该多好啊！

那晚，我和一郎先生三杯两盏淡酒，深谈良久，从家庭到治学、为人处世，畅谈甚欢。临别之时，一郎先生叮嘱我，一定要多读书、多写，争取做一名学者型教师。这些劝勉，让我百感交集，一时无言以对。学者型教师对我而言，和"文学梦"一样遥远。"文学梦"已飘远，一郎先生此时给我画了另一个美丽的梦想，我能实现吗？

别后的日子里，我更加努力去钻研教学，同时也开始阅读理论书籍，不时寄点文章让一郎先生审阅，他也始终耐心地给我回复，作出指导。这让我在教学上更加得心应手。我心里自是感激，极力邀请一郎先生拨冗莅临，奈何他公事繁忙，一直未能如愿。

# 四

偶然因写作上的事我给一郎先生打了一个电话，才得知一郎先生一行人不日将来同安讲学。一郎先生来到同安的当晚，特意留下，等待与我会面。那晚我和他在宾馆里取诸怀抱，晤言一室之内，少了酒，多了清茶。遗憾的是，一郎先生隔日一大早便回福州了，我未能送他一程。

我想，是文学让我和一郎先生相识，让我得到了他的爱惜，和他成为知交。在现在这个浮躁的社会里，人与人之间的交往总少了那份纯粹。觥筹交错，酒酣耳热，似乎是人际间一种时尚的境界。淡如水的君子之交，在今天已是难能可贵。我和一郎先生，可以说是师生之交，亦是君子之交，他以他的学问和爱深深地影响了我，不可磨灭。

人的一生中，知交能有几个呢！

18 年里，浮生三面，聚散匆匆，却温暖了我的梦。

厦门市新店中学　陈金塔

2013 年 9 月 1 日

# 我的爸爸

　　刚刚写完博士论文，爸爸又开始忙着写一本叫《中小学教师论文写作指南》的书。

　　爸爸早睡早起。每天上午，当我朦朦胧胧地走出卧室时，总能看到书房里爸爸拿着一本书，津津有味地阅读。他读书时不喜欢被人打扰。有一次，我去问爸爸一个问题，他随意地看了一眼，含糊地回答后，又投入书的怀抱。我没听清，又问了一遍，爸爸径直起身，一脸苦笑，把我缓缓推出门外，说："能否让我把这篇文章读完？"

　　吃晚饭时，我们一家三口总喜欢围着餐桌谈论一些问题，说一说今天发生的新闻。可是，写书期间，爸爸一反常态，总是默默无语，有时会突然站起身来，走向书房，不一会儿又走出来。我忙问："爸爸，你进去干什么？"他说："想到了一个句子，觉得甚好，便将它记了下来。"我和妈妈对视良久，便停止讨论，默默地吃饭。

　　后来，每天上午，当我被一阵关门声吵醒时，便知道爸爸又去办公室写书了，而我又要去办公室帮爸爸送早餐了。爸爸就是这样，节约每一寸光阴，连早晨的时间也不放过。但是，他仍觉得时间过少，始终不够用。又过了一段时间，爸爸竟把晚上的那段时间也拿来充分利用，直到夜深，办公楼要关门了才肯离开。一天中除了晚上，爸爸几乎都不在家，我和妈妈满腹牢骚，却也无可奈何。

　　现在，爸爸终于写完书了，在家的时间也多了。可是，我却"倒霉"了。爸爸无事可做，正好我又放假，于是乎，"读唐诗啦！"爸爸又来了。

　　"博士毕业了！"爸爸笑着说。2013年6月23日，爸爸领来博士服，回到家向我炫耀。呵呵！书写完了，博士也毕业了，皆大欢喜呀！

福州市湖滨小学六年级　赖可

2013年9月6日

# 后　记

　　就像医生坐诊一样，近30年来，我的工作是坐在办公桌前为人看文章。刘勰说："操千曲而后晓声，观千剑而后识器。"他的计量单位是"千"，而我十几年的阅稿量应该不止于此，当然，我不敢自诩"识文"。有的文章能看"好"，得以发表；更多的文章没有看"好"，飘零浮世，不知所终。

　　托尔斯泰有句名言："幸福的家庭都是相似的，不幸的家庭各有各的不幸。"我套用这句话说："好的文章各有各的好法，不好的文章就那几种毛病。"这么多年来，我给人诊断出的"病"，就那么几种，整天反反复复说的也是那么几句话。由此，我生出了一个念头：把这些归纳整理一下，出成书，让"求诊者"拿去对症抓药，不就省去唠唠叨叨了吗？

　　我曾教过几年的大学写作课，后来在写《中小学教师论文写作指南》时，把好几种教材找出来重新翻看一遍，觉得那些书写得不怎么样，自己如果依照书中写的去教人，可能会误人子弟。其一，写作首要的是认准文体，而文体有应用文写作、文学写作、论文写作等，那些教材追求覆盖面，贪大求全，往往不做细分，讲一些笼而统之的大道理、大原则；其二，许多教材偏好文学写作，过于强调写作的人文性而忽视其工具性，而文学写作与中小学教师常用的论文写作差距较大，许多受过大学写作教学训练的教师不能把二者区分开来，造成很多负面影响；其三，写作教材追求系统性，"系统"似乎一直是个褒义词，让人高山仰止，而实际上写作是一种技能，技能的获得不是单靠知识的灌输、背诵，更重要的是靠练习、实践。闽南话中有句俗语："拳头师父被母猪撞倒"，这是对所谓的"系统"的藐视与挑战。

2012 年底博士论文基本修改完成后，我便马不停蹄地转入《中小学教师论文写作指南》一书的撰写工作中。那段时间，我每天晚上 11 点收工，准备就寝前的工作；第二天 6 点起床，6 点半到办公室打开电脑；7 点 45 分我儿子要去上学，顺路把早餐捎带给我（这就像青少年时期在家乡抢夏收，为了躲避毒日头，也是天蒙蒙亮就下地，等到太阳爬上来了才歇下来吃早饭）；8 点洗完碗准时上班。双休日亦是如此，还可以额外加上 8 小时。无年无节，不休不息，连做梦也在想着写书的事；有时，想起一个字、一个词、一个句子，赶忙找来纸记下来。如此痴狂，自然惹来妻子的牢骚，也忽视了孩子的教育。不过，痛并快乐着，日子在一天天的忙碌中飞逝，感觉挺充实的。几十年如一日，我整天以看书、写书为乐。

《中小学教师论文写作指南》出版后，在广大中小学教师中引起一定的反响。书真是个好东西，可以传播得很远。福州教育研究院院长方颖在国家教育行政学院学习期间，在图书馆阅览室里发现了这本书，马上拍照通过微信传给我；漳浦县特级教师林火木在听我讲座时，想到自己到西南大学培训时，有教授推荐了我的这本书，回家后就把书的封面拍照传给我。我把书赠给教育部基础教育课程初高中化学课程标准研制组、修订组成员，教育部首批"国培计划"专家，第二届教育部基础教育课程教材专家工作委员会委员王云生老师，王老师给我写了一封长信。

赖主编：

您好！谢谢您馈赠的著作。

浏览了《中小学教师论文写作指南》，收益多多。

我历来不喜欢也害怕读如何研究、如何写论文、投稿指导之类的文章、论著。读了觉得把自己那点读、研、写的欲望都弄丢了。浏览您的这本书，听您娓娓道来，感觉全然不同。亲切、朴实，让人在各式各样的作者的真实写作情景中受到启发、引起思考、找到问题、得到指导。文稿可读性强，兼具理论性和实践性。读晚了，可惜。我以为，不仅中小学的教师，甚至从事教育教学行政工作的干部都可以从中得到启迪、指导。这本书更值得那些从事中小学教科研和经验总结、论文撰写指导的教师学习研究。不知道贵院的老师们都读了、学了没有？

中国的现状，写的人多，读的人少，研究评论的更少，好的资源没有得到推介和使用，浪费了；垃圾似的文章、论著也没有从源头得到遏制。鱼目混珠，让人们阅读的兴趣锐减。中小学教辅类的书编写出版的弊病延续了近20年，已经达到令人难以忍受的地步，害了多少中小学生和教师，这几年这种弊病已经蔓延到学术领域。可怕！

在专家面前发牢骚，见笑了。

顺便一问：您的祖籍是官陂王姓，何以改姓赖？王姓人群的优秀一郎，改姓赖，遗憾。

写这些，聊表谢意。耽误您的时间，见谅。

王云生

王老师信中最后问我的"何以改姓赖"，是因为我赠送了他一本《海峡教育研究》，这期杂志有我的一篇散文《官陂》，我在里面说自己本该姓王。王老师以我本为"同族"却又擦肩而过而"遗憾"，如此俏皮，如此抬爱，让我受宠若惊又忍俊不禁。

偶然，在网络上发现有个署名"醉倒巴士底狱"的读者在自己的博客里写的一篇文章：

### "老朋友"赖一郎的礼物
——读《中小学教师论文写作指南》①

从校长室借来一本书《中小学教师论文写作指南》，系"梦山书系"著作。读完之后，很是喜欢，感觉交了一位新朋友。

### 一、多鼓励语，谆谆教诲

以任勇老师的成长经历为本书引子，作者赖一郎先生真是颇具匠心，用

---

① 文字略有改动。

意很深。作为有数十年工作经验的编辑，赖老师现身说法，娓娓道来，句句皆干货。鼓励老师动笔，这本书极为恳切，赖老师说道："处处是研究之地，时时是研究之时，人人是研究者。"这本书从材料、构思、写作、修改等几个方面进行论述，条理清楚，明明白白，绝不做高深状，绝不拒人于千里之外。

书中有中国知网使用技巧等"手把手"的教导；有到教育部门发布的科研规划或课题指南中寻找题目的指点；有关注报纸、电视等主流媒体声音，关心国家大事和新出台的教育政策的呼吁；还有引用名人名言，要与新的现实结合起来，不能"隔"的提醒。

既有《福建基础教育研究》编发的文章、收到的各色来稿，也有平时接触的其他刊物的论文。赖老师是个有心人，素材非常丰富。可贵的是，书中有对名刊、名人文章的合理质疑。

题目方面，用很多正反方面的例子解释何者好、何者劣、怎么改。赖老师自己也写论文，如《从自动回复邮件透视学术期刊应对数字出版的心态与对策》，后来自己发现了更好的题目表达方式："学术期刊应对数字出版的心态与对策——以自动回复邮件为视角"，赖老师就是如此紧追不舍、精益求精。

讲到结尾艺术，赖老师连引三句古语，甚是恰切，嚼之有味："结句当如撞钟，清音有余。""收场一出，即勾魂摄魄之具，使人看过数日，而犹觉声音在耳、情形在目者，全亏此出撒娇，作'临去秋波那一转'也。""为人重晚节，文章看结穴。"

同行观点与言行，特别注重学习。如讲到论文语言时，引用广东《师道》编辑部主任田爱录的观点，极为妥帖："那些嚣张的、偏激的、过火的文字，总被我改得绵里藏针，轻易不出格。是那么个意思，但就是让你看了跳不起来，骂不出口。"

## 二、多谦逊语，朴实较真

赖老师坦诚"承认"对一些新名词理解不够，理论水平不高，深入课堂教学实际不够。"能充满智慧地、耐心地撩拨起学生的质疑能力，激发、培养学生的质疑能力，笔者肯定会对这样的老师充满敬意。"这种观点一定是基于对教育教学本质的深刻理解，但是他却谦逊无比。

他有深深的较真意识。对"该中国哲学登场了""要在21世纪生存下去，必须回到2500多年前中国的孔子那里寻找智慧""钱学森之问"等"公案"，都有十分到位地追究。有一次没能及时联系到作者，印刷在即，他大笔一挥把"仁爱版"改成"人教版"，"此事作者、领导、读者都没人找过来，但笔者至今暗自惭愧"，这是高贵的惭愧。

赖老师还提到，加强考据功夫训练，用好参考文献。讲述编辑与作者的关系，谈到三种作者——普通型、潜力型、高端型，分别如何合作，讲得入情入理。

附录中的"中文核心期刊"目录，含主办单位、地址、电话、电子邮箱、邮发代号、刊期、刊号等，非常实用。这都是赖老师一个个整理出来的，无端受用，愧且敬矣。

阅读这本书，不但会学到教育教学论文写作的一般路径（入门是没有问题的），还会让你觉得认识了一位宽厚仁爱的大朋友，可以说知心话的那种。


这位素昧平生的朋友让我非常感动！我在《福建基础教育研究》的微信公众号里推出这篇文章，很快就有朋友告诉我，文章的作者是厦门大学附属中学的郭培旺老师。迄今，我和郭老师还是"相忘于江湖"。

《中小学教师论文写作指南》问世以来，我终止了漫漫的学历教育追逐的步履，把更多的时间投入工作中，投入中小学教师的职后培训中。十年来，我应邀在省内外开设中小学教师论文写作讲座200多场（含西藏自治区首批中小学学科带头人培养工程项目培训，辽宁省初中英语、思品、生物学科带头人"影子培训"，海南省骨干教师培训，西北师范大学第二附属中学教师培训等）。每一次讲座，我都向主办方索要听课对象名单，上专门的学术期刊网检索他们的文章，下载并阅读，在讲课时一一予以点评，不遗余力地褒扬，但更多的是不留情面地批评。讲座得到好评，大家一致为我认真备课的态度所感动。窃以为，教学就是"对话"，不知道听课对象是谁，不清楚听课对象的知识基础如何，怎么"对话"呢？

通过讲课，我更深入地了解了福建省乃至全国中小学教科研现状，也触发了深深的忧虑：基础教育改革任重而道远，无论是顶层设计还是一线的"施工员"，都要有非凡的智慧、毅力和勇气，才能不辜负这个伟大的时代，不辜负莘莘学子。

本次承蒙永通兄相邀，书名改为《你也可以成为论文写作高手》，得以在华东师范大学出版社重新出版，不胜荣幸！书中根据最新资料，更换、删减了一些过时的、信息不准确的内容。我希望这本书不只是一本简单的写作指南，更能帮助老师们成为写作高手。

从目录看，这本书似乎与一般的写作教材没什么区别，但是，细读每个篇目，就会发现其中有很强的实践性。可以说，每一篇都是对一个实践问题的归纳与回答；每一篇都可以当作一篇小品文来读——不必一气呵成读下来，而是像查字典一样，写作中遇到哪个问题，就从书中去寻找答案，寻获感悟。附录中的"中文核心期刊要目总览（2024年版）教育类期刊目录"与"原国家新闻出版广电总局认定的学术期刊目录中中小学教师可投稿的期刊目录"，是我根据最新的资料辛辛苦苦整理出来的，比一般的网络资料更切实、更可靠。

书中引用了很多例文，其中，优秀的文章都标明作者姓名、单位及出处，而"病例"者则隐去作者信息。展示"病例"是为写书而不得不为之的，不是故意"揭丑"，如果不慎造成伤害，我在这里先道声歉，希望得到谅解。

赖一郎

图书在版编目（CIP）数据

你也可以成为论文写作高手 / 赖一郎著 .
— 上海：华东师范大学出版社，2024
ISBN 978-7-5760-4902-2

I. ①你 …　II. ①赖 …　III. ①论文—写作　IV. ① H152.3

中国国家版本馆 CIP 数据核字（2024）第 077869 号

**大夏书系 | 教师专业发展**

## 你也可以成为论文写作高手

| | |
|---|---|
| 著　者 | 赖一郎 |
| 策划编辑 | 朱永通 |
| 责任编辑 | 薛菲菲 |
| 责任校对 | 杨　坤 |
| 封面设计 | 淡晓库 |

| | |
|---|---|
| 出版发行 | 华东师范大学出版社 |
| 社　址 | 上海市中山北路 3663 号　邮编 200062 |
| 网　址 | www.ecnupress.com.cn |
| 电　话 | 021-60821666　行政传真 021-62572105 |
| 客服电话 | 021-62865537 |
| 邮购电话 | 021-62869887 |
| 地　址 | 上海市中山北路 3663 号华东师范大学校内先锋路口 |
| 网　店 | http://hdsdcbs.tmall.com/ |

| | |
|---|---|
| 印 刷 者 | 北京季蜂印刷有限公司 |
| 开　本 | 700×1000　16 开 |
| 印　张 | 15 |
| 字　数 | 222 千字 |
| 版　次 | 2024 年 5 月第一版 |
| 印　次 | 2024 年 5 月第一次 |
| 印　数 | 6 100 |
| 书　号 | ISBN 978-7-5760-4902-2 |
| 定　价 | 65.00 元 |

出 版 人　　王　焰

（如发现本版图书有印订质量问题，请寄回本社市场部调换或电话 021-62865537 联系）